紐約

這是什麼呢？

（答案見 P2）

Lala Citta 是義大利文的「城市 =La Citta」，

和享受輕快旅行印象綜合而成的用語。

書中匯集了電影的外景地巡禮和最新的娛樂資訊、

令人嚮往的名牌總店及美式甜點等等…

不可錯過的旅遊時尚新主題。

當你在想「今天要做什麼呢」時

就翻翻這本書吧。

歡樂旅遊的各種創意都在書中。

Lala Citta
紐約
Contents

P1照片的解答→以『花邊教主』為概念設計的珠寶盒（Henri Bendel→P52）

別冊MAP

可以拆下使用

〔本書標示〕

R 有餐廳
P 有泳池
F 有健身房
交 交通
M 地鐵站
住 地址
H 飯店
☎ 電話號碼
時 開館時間．營業時間
休 公休
金 費用
URL 官網網址

〔其他注意事項〕

○本書所刊載的內容及資訊是基於2014年11～12月時的取材、調查編輯而成。書籍發行後，在費用、營業時間、公休日、菜單等營業內容上可能有所變動，或是因臨時歇業而有無法利用的狀況發生。此外，包含各種資訊在內的刊載內容，雖然已經極力追求資訊的正確性，但仍建議在出發前以電話等方式進行確認、預約。此外，因本書刊載內容而造成的損害賠償責任等，敝公司無法提供保證，請在確認此點之後再行購買。

○地名、建築物名在標示上參考政府觀光局等單位提供的資訊，並盡可能貼近當地語言的發音。

○休息時間基本上只標示公休日，省略復活節、聖誕節、新年期間、夏季歇業、國定紀念日等節日。

○費用的標示基本上為成人的費用。

〔本書使用方法〕

◀◀類型檢索

區分為「觀光焦點」「購物」「美食」「遊逛」「追加行程」「住宿」等6大類型。決定好旅遊目的的話，即可從中選擇符合自己的主題。

區域檢索

當有符合頁面內區域的店家和景點時，區域名便會出現標示。當你想到「我現在人在○○，這一帶有些什麼？」時，就可以由這裡反向檢索過去。

小小資訊和小小知識

介紹和該頁面的主題和景點相關的有用資訊以及旅遊的知識。

紐約玩家強力推薦

旅行 Key Word

1.曾經出現在『上班女郎』和『浩劫餘生』等無數電影中的自由女神
2.在『地球之夜』和『計程車司機』裡，黃色計程車是故事的主軸　3.『穿著PRADA的惡魔』和『第凡內早餐』以第五大道附近為主要的舞台　4.在『美國情緣』裡出現過的熱巧克力冰沙

藝術、時尚、美食、娛樂……
紐約不斷推出最先進的流行時尚。
就讓精通紐約的玩家告訴各位
掌握潮流的重要旅行關鍵字。

感覺就像電影或影集裡的主角

迷人的外景地巡禮

→P22～

推薦人

專欄作家 山崎圓

再也沒有哪一座城市像紐約一樣，這麼頻繁地出現在影集和電影裡。看起來很大，但其實是個密集的城市，因此在街上隨性遊逛，就一定能找到在令人嚮往的影集和電影的場景中出現過的畫面。主角喜歡的咖啡廳及服飾店、接吻或吵架的街頭。秋天的中央公園美不勝收的紅葉，還有時代廣場的跨年倒數等等，光是走在街道上，享受四季變換的風景，就像自己變成電影裡的主角一般。

PROFILE

除了《Innocent Girls》等著作以外，也從事翻譯工作。從以紐約街頭為舞台的電影、小說出發，解讀20世紀美國女性文化的《女孩與紐約》現正發行中。

5.在『花邊教主』和『西雅圖夜未眠』裡，帝國大廈是情侶們相約見面的地方　6.夏天拍攝『慾望城市』，秋天拍攝『當哈利遇上莎莉』，『花邊教主』則是在冬天取景，中央公園一年四季都在拍片　7.在『飛進未來』裡，由湯姆．漢克斯飾演的男主角跳舞的FAO Schwarz（→P50）的大鋼琴

可以遇見五花八門的種類
美式甜點

→P74～

推薦人
美式甜點研究家
平野顯子

在這個聚集了世界各地一流美食的城市，切勿錯過甜點。杯子蛋糕儼然成為美式甜點的代名詞，最近名為「One Bite」的一口大小也很受歡迎。多半是將傳統媽媽的味道改良成紐約風味的烘焙點心，尤其是外層口感酥脆、裡頭濕潤紮實的餅乾請務必一試！除了各國的甜點，可以吃到純素食甜點也是這座城市的特色。

PROFILE
康乃狄克大學留學後，在京都及東京的代官山開了蘋果派和美式烘焙點心的專賣店「松之助」。以美國為據點，也在日本開辦教室。
URL www.matsunosukepie.com

1.「Two Little Red Hens」（→P76）的甜點口味樸實又溫和　2.3.也曾經出現在『慾望城市』裡的「Magnolia Bakery」（→P74）的杯子蛋糕　4.特色是酥脆口感的「witchcraft」（→P77）奶油女巫餅乾　5.完全不使用任何動物性原料的「BabyCakes NYC」（→P74）的純素食杯子蛋糕

絕對會想要買來自己用
I ♥ NY的伴手禮

→P50～

推薦人
旅居紐約的編輯／作者
市川曉子

特別推薦約翰．德里安親手設計的復古風紙鎮（→P49）給對伴手禮非常講究的各位。「Fishs Eddy」設計成美式復古風的餐具很受歡迎，其中也有以布魯克林大橋為設計主題的系列。喜歡手工藝的人則不妨到「John Derian」買些充滿紐約風格的橡皮圖章回去吧？

PROFILE
向日本的雜誌、報紙投稿以流行時尚為中心的文化、生活風格有關的報導。2007年出版《紐約的伴手禮》。最近除了紐約，也會採訪巴西的收藏家。
URL www.originalslope.com

1.「The Ink Pad」有許多以紐約為題材的橡皮章　2.以稱為蝶古巴特的手法製成的盤子就像藝術品，激發購買欲。「John Derian」（→49）　3.「Mast Brothers Chocolate」（→P33）的巧克力片就連包裝也很漂亮　4.畫上摩天大樓剪影的「Fishs Eddy」（→P50）的盤子

很適合當作辦手禮

跨過東河前往備受矚目的地區

布魯克林的當紅景點

→P30～

推薦人
自由撰稿人、編輯／商店老闆
赤木真弓

高水準的布魯克林美食正大受矚目。在2011年從威廉斯堡崛起的美食跳蚤市場「Smorgasburg」裡，有很多熱門的店家擺攤，可以品嘗到布魯克林最新的美食。如果是對文化有興趣的人，建議前往林立著藝廊和書店的登波區。倘若還有時間的話，也可以走訪其他區域。

PROFILE

曾任職於出版社，現為自由撰稿人。受到布魯克林吸引，2012年與人共同執筆出版「Brooklyn Neighborhood」。在橫濱經營一家以布魯克林街道為名的藝品商店「greenpoint books & things」。
URL www.gpbat.com

好可愛！

1.發源自登波區的「Jacques Torres Chocolate」（→P99）的巧克力　2.當地設計師的商品琳瑯滿目的「Catbird」（→P32）　3.從布魯克林大橋（→P91）看見的景緻　4.「Marlow & Sons」（→P32）的美味起司　5.每週六舉辦的「Smorgasburg」（→P35）

一流主廚推出的休閒部門

不傷荷包的美食潮流

→P60（引發話題的時尚餐廳）、P82（行動餐車）

推薦人
自由撰稿人＆整合規畫師
小川佳世

現榨！

在紐約，可以輕鬆地享用到一流主廚的手藝。最好的例子就是米其林3星級主廚尚．喬治的「ABC Kitchen」。堅持選用當地食材烹調的餐點，以提供良心的價格及輕鬆自在的氣氛而大受歡迎。另外，廚神丹尼爾．布盧的「Épicerie Boulud」，可以外帶的方便性大受好評。個性十足的行動餐車也請務必嘗試一下。

1.與家飾店「ABC」合作的「ABC Kitchen」（→P61）　2.果汁餐車「The Squeeze」（→P82）販賣著不破壞維生素的現榨果汁　3.在曼哈頓的街頭上經常可以看到販賣冰淇淋的行動餐車　4.專賣休閒風格熟食的「Épicerie Boulud」在「The Plaza Food Hall」（別冊MAP●P25C2）裡開了咖啡廳

PROFILE

曾任職於出版社，1998年赴美。以紐約和紐澤西為據點，為旅遊指南和《翼之王國》（全日空機上雜誌）等各類媒體撰寫關於旅遊及美食、社會文化的原稿。
URL kobo-echo.com

順著時代的進程鑑賞！

紐約藝術的參觀方式

→P104～

推薦人
NY Art Beat／SmartNews

藤高晃右

在弗立克收藏館（→P111）鑑賞包含維梅爾等西洋古典繪畫名家的作品。接著再去MoMA（→P108）參觀位在4～5F，以印象派、畢卡索、波洛克等人為中心的作品。隔天則前往雀兒喜地區的藝廊（→P97），欣賞現在進行式的現代藝術。一面欣賞世界最高水準的作品，一面瀏覽美術史，這才是紐約藝術最佳的參觀方式。

PROFILE

2008年搬到紐約，成立NY Art Beat。也在美術手帖撰寫多篇文章。自2014年起負責開發Smart News的美國媒體事業，推出在藝術巡禮上很方便的"NY Art Beat"。

URL www.nyartbeat.com/apps/

1.弗立克收藏館雄偉的展示室　2.雀兒喜地區的藝廊推薦和高線公園（→P28）合在一起參觀　3.弗立克收藏館珍藏的約翰尼斯．維梅爾作品「軍人與微笑的女郎」

©Michael Bodycomb

©Deen Van Meer

amazing！

現場欣賞才有趣！

正統的音樂劇

→P112～

推薦人
舞台藝術評論家／製作人／藝人

Toshi Cappuccino

為數眾多的音樂劇有如彗星般出現在百老匯，目前最受歡迎的音樂劇是『阿拉丁』。將迪士尼超級賣座的動畫電影（'92年）搬上舞台，看手裡拿著神燈的阿拉丁大顯身手，喜歡迪士尼的人一定不能錯過。除此之外，『美麗傳奇』也是正當紅的音樂劇，卡洛金的歌曲和主角宛如本人重生的演技，讓人感動到最後一秒。

PROFILE

參與了『破銅爛鐵』、『吉屋出租』的日本公演。自導自演的香頌歌謠秀、NY Monthly Live大受好評。由130名紐約記者及戲劇評論家組成的戲劇桌獎的評審委員之一。隸屬於哇哈哈本舖。

1.將動畫搬上舞台的『阿拉丁』　2.音樂劇的招牌如今已經成了時代廣場的地標　3.充滿了賣座金曲的『美麗傳奇』　4.「THE RIDE」（→P18）是含有音樂劇元素的觀光巴士

知道賺到

旅行 Happy Advice

由紐約的玩家們傾囊相授的獨門資訊，
事先了解的話，在逛街和觀光上非常方便，
可以享受一趟更加充實的旅程。

Advice 1 “觀光上很方便的「城市通行證」”

＼就是這張票！／

整合帝國大廈、大都會藝術博物館、自由女神像等6處紐約最具代表性的觀光景點門票的優惠套票。票價＄114，相當於入場券金額總計的一半左右，再加上持票券者可以優先入場，非常好用。自第一次使用日起的9天內有效。除了可在各觀光景點、紐約市的官方旅客服務中心購買，也可以在官方網站上購得。
（撰稿人／日下智幸）

1.請上官方網站確認。URL www.citypass.com/new-york　2.幾乎網羅了所有主要的觀光景點

Advice 2 “以超值的價位享用一流主廚的手藝”

紐約市主辦的「餐廳週」是當地美食家期待的盛事。每年舉行2次（夏和冬），期間中約有多達300家餐廳參加，提供破盤價格的全餐菜單（午餐＄25、晚餐＄38）。知名餐廳的預約總是迅速額滿，因此確定旅行的日期後請盡早訂位。詳情請上官方網站確認。URL www.nycgo.com/restaurant-week（撰稿人／小川佳世→P6）

1.每次參加的餐廳都不一樣，這點也是樂趣之一　2.活動期間，尋找貼在街頭和店家的海報，找出參加的餐廳吧

Advice 3 “觀光上也可使用租賃自行車”

共享單車計畫「花旗自行車Citi Bike」是紐約眾所矚目的新興交通工具。只使用1天的話，僅需＄9.95即可在30分鐘內免費騎乘，當超過30分鐘，採每30分鐘追加＄4的計費方式。只要在每30分鐘內還車1次，就可以將金額壓到最低。市區內約有350處單車站可自由借還車，因此觀光時不妨善加利用。
URL citibikenyc.com/（編輯部）

1.以身為贊助商的花旗銀行為自行車命名的「花旗自行車」 2.在前往附近沒有地鐵和巴士路線的地方時非常方便

MoMA的免費開放時間為4小時，很長！

"切勿錯過美術館的免費開放日！"

如果參觀美術館是旅行的目的，可別錯過美術館的免費開放日！紐約現代藝術博物館MoMA（→P108）為週五16～20時；古根漢美術館（→P110）為週六的17時45分～19時45分；弗立克收藏館（→P111）為週日11～13時等。不妨善加利用。（整合規畫師／巖真弓）

"善用遊客折扣卡逛百貨公司"

在Macy's（→P53）和Bloomingdale's（→P53）裡，只要在館內的旅客服務中心出示護照，就能索取遊客折扣卡，購買指定商品時可享9折優惠。另外，從11月中旬～1月初、6～7月的折扣季期間，幾乎所有的商店都提供購物優惠。（編輯部）

Macy's的伴手禮商品也會打折

"免費變身成紐約客"

單程約25分鐘，行駛於史坦頓島與曼哈頓之間的免費渡輪

紐約也有許多可以免費參加的活動。搭乘來往於曼哈頓與史坦頓島間的渡輪，就可以來趟水上之旅參觀自由女神。在中央公園裡探索園內熱門景點的散步行程不需預約，每天舉行，可以自由參加喔。（編輯部）

"在紐約聽場省錢的古典樂♪"

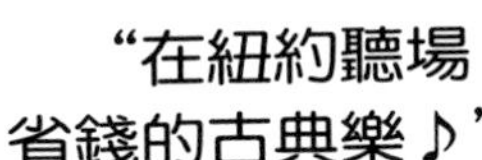

古典音樂會看似門檻很高，但是便宜的票價（2、3F座位）落在＄25前後。早上9時45分開始的紐約愛樂交響樂團公開綵排，只需＄20就可以欣賞和正式演出時同樣的演奏。（公開日請上URL nyphil.org/concerts-tickets/確認）歌劇的當日優惠票Rush Ticket也是＄25，非常划算。週一～五12時～（日場公演為開演前4小時～），週六為14時～販售。請事先上官網申請。URL www.metopera.org/metopera/contests/drawing/rush-tickets?src=rdr（巖真弓）

○正式國名 名稱
美利堅合眾國
紐約州最大的都市
紐約

○人口／面積（紐約市）
約840萬人（2013年）
783.8平方公里

○語言
英語

○貨幣與匯率
＄1＝約32.82元
（2015年11月匯率）
貨幣種類→P132

○時差
－13小時
※比台灣晚13個小時。3月第2週日～11月第1週日為夏令時間，夏令時間與台灣的時差為－12小時。

○小費
有支付小費的習慣
計程車為車資的15～20%左右，服務生也是總金額的15～20%左右，飯店門童為1件行李＄1～2左右。請留意支付1￠或5￠等小額的硬幣是相當失禮的行為。

○最佳旅遊季節
初夏（5月）～秋（10月）
氣溫和降雨量→P133
節日→P133

○入境規定
90天以內的觀光不需要簽證
護照及簽證的細節→P124

出發前
Check！

紐約區域Navi

主要的觀光景點都集中在南北向狹長的曼哈頓島上。區域劃分精細，區域內各自發展出個性十足的街區。隔著河流的東岸則是近年來發展顯著的布魯克林。

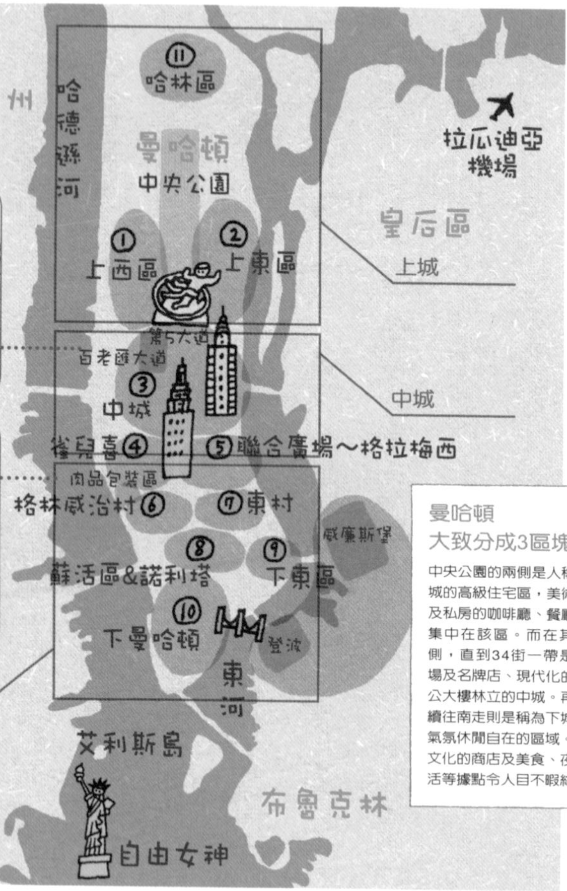

紐澤西州
哈德遜河
⑪哈林區
曼哈頓
中央公園
拉瓜迪亞機場
皇后區
①上西區
②上東區
上城
第5大道
百老匯大道
③中城
中城
④雀兒喜
⑤聯合廣場～格拉梅西
肉品包裝區
⑥格林威治村
⑦東村
威廉斯堡
⑧蘇活區&諾利塔
⑨下東區
⑩下曼哈頓
登波
東河
下城
艾利斯島
布魯克林
自由女神
0
1km

百老匯

Broadway

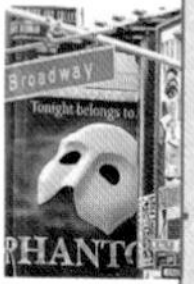

Broadway
Tonight belongs to
PHANTO

南北向貫穿中城的大道。該條街道周邊的42～52街之間林立著音樂劇的劇場，是娛樂產業的重鎮。

肉品包裝區

Meat Packing District

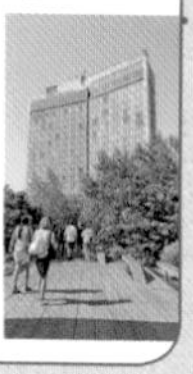

原是肉品工廠林立的區域，如今正逐漸轉變成時尚的街區。載貨用的高架鐵路遺址則變成名為高線公園（→P28）的新景點。

曼哈頓大致分成3區塊

中央公園的兩側是人稱上城的高級住宅區，美術館及私房的咖啡廳、餐廳多集中在該區。而在其南側，直到34街一帶是劇場及名牌店、現代化的辦公大樓林立的中城。再繼續往南走則是稱為下城，氣氛休閒自在的區域。次文化的商店及美食、夜生活等據點令人目不暇給。

1 上西區 →P92

Upper West Side / 別冊MAP●P12

悠閒寧靜的住宅區

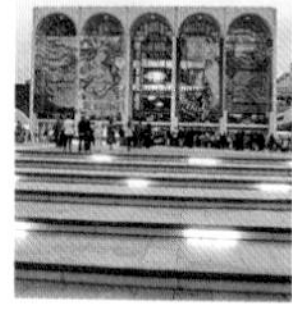

分布在中央公園的西側，19世紀末起開發的區域。座落著林肯中心（→P116）及典雅的公寓。

最近車站 交Ⓜ66ST/LINCOLN CENTER站、72ST站等

2 上東區 →P92

Upper East Side / 別冊MAP●P14

美術館與高級名牌

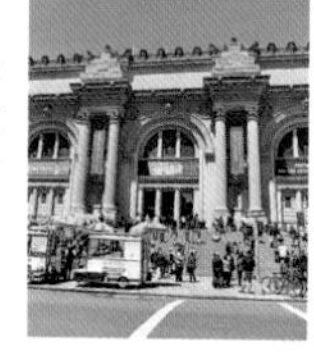

位於公園東側的大街上分布著大大小小的美術館，稱為博物館大道。同時也是紐約首屈一指的高級住宅區，商店也多。

最近車站 交Ⓜ68ST/HUNTER COLLAGE站、77ST站等

3 中城→P94
Midtown / 別冊MAP●P10

繁華的市中心

商店林立的第5大道東側為商業區，西側則是以時代廣場為中心的娛樂鬧區。是個摩天大樓集中的熱鬧街區。

最近車站 ⓧⓂTIMES SQ/42ST站、GRAND CENTRAL/42ST站等

4 雀兒喜→P96
Chelsea/別冊MAP●P20

享受一趟藝術之旅

分布著小巧的藝廊，是藝術的傳播據點。興建於19世紀後半的優雅街道上，座落著許多餐廳和咖啡廳。

最近車站 ⓧⓂ14ST站、23ST站、34ST/PENN STATION站等

5 聯合廣場～格拉梅西→P96
Union Sq.～Gramercy / 別冊MAP●P21

閑靜的住宅區

格拉梅西公園附近自古以來就是住宅區，深受文化人士喜愛。商店和餐廳都集中在聯合廣場附近，總是熱鬧滾滾。

最近車站 ⓧⓂ14ST/UNION SQ站等

6 格林威治村→P96
Greenwich Village / 別冊MAP●P6

爵士樂薰陶的文化街區

以華盛頓廣場為中心，保留濃厚19世紀風貌的寧靜街區。美食店家和爵士樂俱樂部等夜間娛樂景點也很齊全。

最近車站 ⓧⓂCHRISTOPHER ST/SHERIDAN SQ站等

7 東村→P96
East Village / 別冊MAP●P7

多彩多姿的民族聚集區

許多移民居住的區域，有很多各國美食的餐廳和夜店、俱樂部。近年來咖啡廳和二手店等也愈來愈多，吸引了對潮流很敏銳的年輕人注意。

最近車站 ⓧⓂASTOR PL站等

8 蘇活區＆諾利塔→P98
Soho & Nolita / 別冊MAP●P18

新舊並存的區域

高級服飾店和複合式精品店雲集的購物天堂。蘇活區是個仍保留著名為鑄鐵建築的建築風格的歷史地區。

最近車站 ⓧⓂSPRING STT站、CANAL ST站等

9 下東區→P100
Lower East Side / 別冊MAP●P19

都市計畫持續進行的移民區

有許多猶太裔等的移民居住的區域，正急速發展當中。有衆多餐廳和商店，集結各種新舊融合的魅力。

最近車站 ⓧⓂ2 AV站、DELANCEY ST/ESSEX ST站等

10 下曼哈頓→P90
Lower Manhattan / 別冊MAP●P4

全球經濟的心臟地帶

身為移民湧入的大門口發展至今，是一個擁有古老歷史的街區，牽引著全球經濟的金融區「華爾街」也在該區域裡。

最近車站 ⓧⓂWALL ST站、RECTOR ST站、BOWLING GREEN站等

11 哈林區→P102
Harlem / 別冊MAP●P15

親自感受黑人文化

該區域從以前就是黑人聚居地，發展出獨特的文化。過去曾是危險的區域，不過近年治安改善，因此吸引不少觀光客造訪。

最近車站 ⓧⓂ125ST站等

稍微走遠一點

● 布魯克林區→P30
Brooklyn / 別冊MAP●P15下～16

新興熱門地區

隔著東河，位於東岸的住宅區。近年來商店和餐廳陸續開幕，成為新的觀光景點，受到不少關注。

最近車站 ⓧⓂHIGH ST站、YORK ST站、BEDFORD AV站等

and more…行程編排

6天4夜的標準行程

如果想要充分地享受紐約之旅，最少也得花上6天4夜較為理想。以下就為大家介紹可以充分享受『第一次』紐約行的標準行程。也可以參考and more…行程備案。

Day1 欣賞摩天大樓的夜景

台灣出發的直航班機

桃園機場起飛的直航班機大多為約14～16小時抵達的航班。紐約雖然有3座機場，台灣的直飛航班僅在甘迺迪國際機場（JFK）進出若是經他國或美國境內轉機，則可能在紐華克國際機場（EWR）、拉瓜迪亞機場（LGA）起降。由於美國入關需要花上不少時間，因此從抵達機場到進入市區最好抓2小時以上。

16:25
抵達甘迺迪國際機場

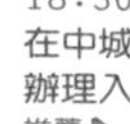
搭計程車約1小時

18:30
在中城的飯店辦理入住手續
推薦▶
・Ace Hotel（→P20）
・The NoMad Hotel（→P21）
・Gansevoort Park
・Avenue NYC（→P21）

Ⓜ28 ST站到
ⓂTIMES SQ-42ND ST站5分

好興奮啊！

充滿娛樂元素的觀光巴士「THE RIDE」

20:30
參加熱門的娛樂觀光巴士「THE RIDE」（→P18）
（需時75分）

ⓂTIMES SQ-42ND ST站到
Ⓜ66ST-LINCOLN CENTER站5分

22:00
在上西區的時尚餐廳享用晚餐
特別推薦▶Boulud Sud（→P60）

Ⓜ66 ST-LINCOLN CENTER站到
Ⓜ34ST-HERALD 站10分

0:00
在帝國大廈欣賞夜景（→P86）

[and more…行程備案]
如不參加「THE RIDE」，簡單解決一餐後前往欣賞「無眠夜」（→P19）也是不錯的選擇。如果前後的預定行程在23時前結束，也可以去「峭石之巔」（→P87）欣賞夜景。

最新潮流！

1.設計型飯店「Ace Hotel」 2.位於Ace Hotel內以「旅行」為主題的精品店「Opening Ceremony」（→P20）
3.「Opening Cere mony」的禮服
4.「THE RIDE」上充滿能讓所有乘客都樂在其中的機關 5.由2名導遊負責介紹

雀躍萬分

6.擺盤也充滿藝術性的「Boulud Sud」的菜色
7.在帝國大廈上看見的夜景

璀璨的夜景十分動人！

※移動的所需時間僅供參考，會視星期幾和路線異動。

Day2 盡情享受藝術與娛樂的一天

早餐是紮實的貝果，儲備好欣賞藝術的體力

8:30
早餐吃貝果
推薦▶Barney Greengrass（→P78）

搭計程車5分

10:00
到大都會藝術博物館欣賞龐大的館藏（→P104）

步行即到

轉圈圈～♪
中央公園的旋轉木馬

12:00
在中央公園散步後到咖啡廳小憩片刻
推薦▶Roeb Boathouse（→P27）

步行15分

13:00
在第5大道附近逛街購物
推薦▶
- Tiffany & Co.（→P38）
- Coach（→P39）
- FAO Schwarz（→P50）
- Henri Bendel（→P52）

[and more… 行程備案]
對購物不感興趣的人，在參觀完大都會藝術博物館後，不妨造訪座落在博物館大道（→P92）兩側的個性派美術館。前往博物館大道時，建議可善加利用沿第五大道南行的巴士。

步行15分

15:00
到現代藝術博物館（MoMA）欣賞現代藝術（→P108）

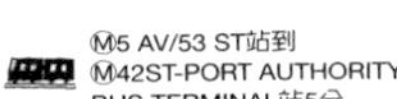

位於MoMA附近的「LOVE」雕刻（→P111）

18:00
觀劇前先吃點東西
推薦▶Shake Shack（→P67）

步行6分

19:00～20:00開演
體驗正統的音樂劇（→P112）
推薦▶
- 美麗傳奇（→P112）
- 阿拉丁（→P112）

熱門連鎖店
Shake Shack的漢堡為$5.19～

初次見面

1.MET的吉祥物「威廉」是古埃及的出土文物 2.擁有龐大館藏的大都會藝術博物館 3.「中央公園」內，在眺望台城堡看見的景色

Art & Entertainment

4.第5大道的象徵「Tiffany & Co.」的大門
5.「Coach」的經典皮革系列

一流名牌齊聚一堂！

6.梵谷的作品在MoMA裡也大受歡迎（→P109） 7.時代廣場上到處都是知名舞台劇的看板 8.「美麗傳奇」中的一幕

©JoanMarcus

Day3 在當紅區域走訪各類商店

8:00
在熱門店開早午餐聚會
推薦▶ Sarabeth's Kitchen（→P70）

Ⓜ81 STST站到 Ⓜ14 ST站15分

10:30
在高線公園空中漫步（→P28）

步行15分

12:00
在肉品包裝區
搜尋最新潮流
推薦▶
- Nicholas Kirkwood（→P46）
- Owen（→P46）

步行5分

13:00
在雀兒喜市場
吃吃喝喝＆尋找伴手禮
推薦▶ Eleni's Cookies（→P34）
- Fat Witch Bakery（→P77）

Ⓜ14 ST站到 ⓂDELANCEY ST/ ESSEX ST站10分

15:00
在下東區的
杯子蛋糕店裡小憩一下
推薦▶ Baby Cakes NYC（→P74）

ⓂDELANCEY ST/ ESSEX ST站到 ⓂBOWERY站1分

17:00
在位於蘇活區的
名牌旗艦店裡大肆採購（→P40）
推薦▶
- rag & bone（→P40）
- Marc Jacobs（→P41）
- Derek Lam 10 Crosby（→P41）

ⓂCANAL ST站到 Ⓜ14ST站5分

20:00
在老字號牛排館裡
享用紅屋牛排
推薦▶ The Old Homestead Steakhouse（→P64）

步行10分

23:00
到格林威治村
陶醉在爵士樂的世界裡
推薦▶ Village Vanguard（→P118）

[and more…
行程備案]
對電影、電視影集感興趣的人，不妨由雀兒喜市場走遠一些，前往步行範圍內的西村。電視影集『慾望城市』外景地（→P23）——「凱莉的家」和「Magnolia Bakery」等景點都在這裡，切勿錯過！

cute!

買「Eleni's Cookies」的糖霜餅乾回去送人

十分講究食材的「Baby Cakes NYC」的香蕉巧克力杯子蛋糕

包裝也很可愛的「Jacques Torres Chocolate」

♪♬♫~

明星樂手輩出的「Village Vanguard」

超級豐盛的早午餐

1.班尼迪克蛋是「Sarabeth's Kitchen」的招牌菜
2.浴火重生的「高線公園」將廢線變成了綠意盎然的步道

3.「Nicholas Kirkwood」裡陳列許多設計師鞋款
4.雀兒喜市場裡有很多蔚為話題的餐廳及商店

熱賣美食也很豐富！

Shopping

5.「Marc Jacobs」裡最新的品項一應俱全 6.在蘇活區一邊欣賞歷史悠久的街區，一邊購物 7.非常講究肉質的「The Old Homestead Steak house」的紅屋牛排

吃得好飽 (^u^)

Day4 前往眾所矚目的布魯克林

[and more…行程備案]

如果待在紐約的時間適逢週日，建議早點起床，前往布魯克林逛逛跳蚤市場（→P35），或是到哈林區的教堂體驗道地的福音歌曲（→P119）。

9:30
參加渡輪之旅
拜訪自由女神（→P84）

渡輪之旅為50分。從砲台公園到華爾街步行10分

11:30
在華爾街拍照留念（→P90）
推薦▶
・聯邦大廳（→P90）
・紐約證券交易所（→P90）

步行10分

在電影裡也掀起話題

在下曼哈頓逛街時以這個記號為目標

12:30
911紀念廣場（→P91）

ⓂFULTON ST站到ⓂMARCY AV站15分

在「Marlow & Sons」裡可以品嘗到在地產銷的創意美食

14:00
在威廉斯堡裡
吃午餐&逛商店（→P32）
推薦▶
・Catbird（→P32）
・Marlow & Sons（→P32）
・Isa（→P33）
・Bird（→P33）
・Mast Brothers Chocolate（→P33）

North Williamsburg到Brooklyn Bridge Park搭東河渡輪10分

優雅的首飾

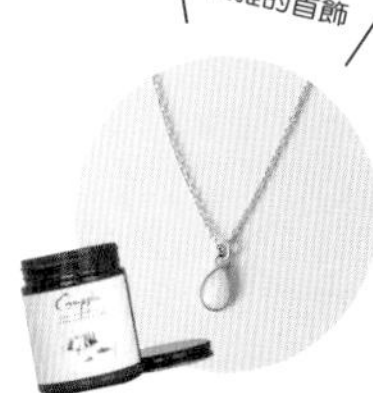

風格古典懷舊的首飾很受歡迎的「Catbird」

16:30
在布魯克林大橋公園
拍照留念（→P30）

ⓂCOURT ST站到Ⓜ23 ST站20分

為曼哈頓的夜景乾杯

位於「Eataly」大樓屋頂上的餐廳「La Birreria」

20:00
在屋頂餐廳吃晚餐
推薦▶
・La Birreria（→P62）

自由與希望的象徵！

Brooklyn

It's beautiful！

1.自由女神是紐約的地標
2.隔著河遠眺曼哈頓
3.高掛著星條旗的華爾街

街上充滿藝術！

4.「Bird」裝飾著當地藝術家的畫作　5.威廉斯堡裡的塗鴉藝術　6.從布魯克林大橋看見的摩天大樓景色特別漂亮

景色很美吧汪！

Day5 暢遊紐約直到最後一刻

超便宜伴手禮

Duane Reade裡販售多種包裝充滿紐約風格的零食

7:00
享用份量十足的美式早餐
特別推薦▶Carnegie Deli（→P95）

步行15分

8:00
在食品店或便利商店將伴手禮一次購足
特別推薦▶
・Duane Reade（→P58）
・Dean & DeLuca（→別冊MAP●P24B3）

步行10分

9:00
飯店退房

搭計程車約1小時

10:30
抵達紐約甘迺迪機場

✈機場利用小訣竅

甘迺迪國際機場以及紐華克國際機場的各航廈都有輕食店和咖啡店。雖然也有免稅店，不過規模不大，因此建議先在市區內完成採購。

堆積如山！

1.知名人士也是座上賓的「Carnegie Deli」
2.上頭有煙燻牛肉和醃牛肉的「伍迪．艾倫組合」

Midtown

3.Dean & DeLuca的糖果　4.「Duane Re ade」在曼哈頓正迅速地擴點中

真不知道該選哪個才好～！

由於和市中心有一段距離，請早一點到

Day6 抵達台灣

15:25
抵達桃園國際機場

觀迎回來

Arrival

行程模擬就此告一段落。請參考行程備案，規劃自己專屬的行程吧！Have a nice trip！

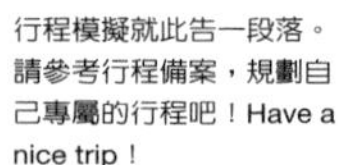

旅途中發現的回憶寶物♥

編輯親自走訪列出的景點！

淋上滿滿的蜂蜜和奶油

在嚮往的店裡享用早午餐

「Sarabeth's Kitchen」是會大排長龍的熱門店。在麵糊中摻入檸檬的鬆餅非常好吃。

經典場景就出現在眼前！

在大銀幕上看過的經典場景

拍一張在『穿著PRADA的惡魔』最後一幕中也出現過的無線電城和黃色計程車吧。

夜景很漂亮的酒吧

紐約的最後一晚就一邊欣賞帝國大廈，一邊享用雞尾酒吧。會成為永生難忘的回憶★

觀光焦點

話題性十足的娛樂型觀光巴士、

在影集和電影裡看過的外景地、

受紐約客矚目的布魯克林⋯etc.

前往能感受“時下”紐約的最新觀光景點。

感受『時下』的紐約❶

當紅的新型態娛樂設施 搭乘「THE RIDE」參觀曼哈頓

車身採用整面玻璃的「THE RIDE」，是連紐約客也很喜愛的觀光巴士。
和一般的觀光巴士截然不同，以下為各位詳盡解說這種新型娛樂的魅力！

1

2

3

中城 別冊 MAP P22A3

THE RIDE

「THE RIDE」專用的高規格巴士？

充滿驚喜與歡笑的都會之旅

搭乘橫向3排座位的特殊巴士，來趟暢遊曼哈頓的特色行程。車上會有2位導遊妙語如珠地炒熱氣氛，車窗外陸續出現的表演者們為乘客帶來驚喜與歡笑。再加上網羅了中城的主要景點，因此也可以充分享受市內觀光。需具備一定程度的英語能力。

1.大片的車窗外是寬闊的紐約街景，簡直就像是大銀幕一樣 2.車身的左側是一整面玻璃的巴士，全長13.5公尺、全寬2.4公尺、高4.2公尺 3.車上的座位是橫向的3排座椅，附設3000個LED及最新的音響設備、液晶螢幕，座椅還有震動裝置

DATA

㊐需時75分，行駛視日期而異 ㊎$64～
售票處(杜莎夫人蠟像館內)：㊋Ⓜ1·2·3·7·N·Q·R·S線TIMES SQ-42 ST站步行2分 ㊟234 W.42 St.(bet. 7 & 8 Ave.) ☎(1-646)289-5060 ㊑10時～20時30分(週日～16時30分) ㊡無休 URL www.experiencetheride.com/ 需預約

Bus Route

從W. 42 St.和8 Ave.的轉角出發，繞行時代廣場、中央車站、哥倫布圓環、中央公園、第5大道等中城周邊的主要觀光景點。

2010年起營運的「THE RIDE」原本僅提供英語行程，2013年起開始提供法語、西班牙語、葡萄牙語等各國語言行程。雖然頻率較低，但也有中文行程。詳情請上官方網站確認。

Check！

戲劇型的娛樂表演？！

1.館內禁止交談。在眼前表演的逼真演技令人震撼　2.一開始拿到的卡片　3.戴上這張面具的觀衆也成了舞台的一部分

雀兒喜　別冊MAP P8A2

無眠夜

Sleep No More

以老舊廢棄的飯店為舞台的體驗型劇場，演員們在館內的各個角落演出默劇。觀衆帶上面具，依照拿到的卡片分開來參觀。自由地漫步館內，參與每個房間裡的故事。劇情以莎士比亞的『馬克白』為基礎，參觀的場景不同，內容和印象也隨之改變，所以會讓人想一看再看。

DATA　㊝ⓂC·E線23 ST站步行10分　㊟530 W.27 St.(bet. 10 & 11 Ave.)　☎(1-212)904-1883　㊕18～24時，需時3小時　㊡無休　㊎$80～

突然遇上街頭表演？

表演者會埋伏在巴士的行進路線上，等著露一手唱歌或跳舞等五花八門的演出。有時普通的路人也會應導遊的邀請表演上一段。

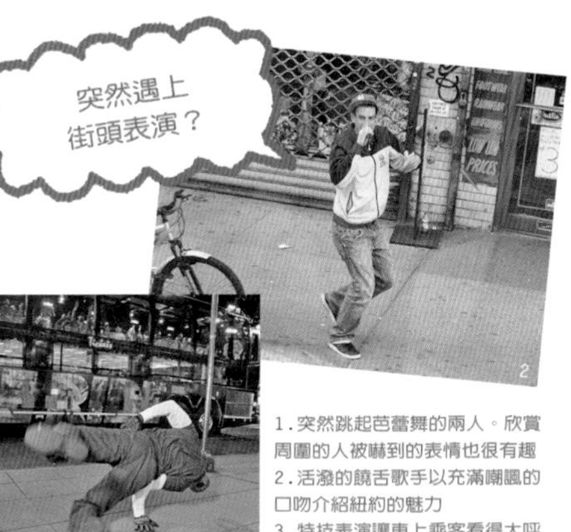

1.突然跳起芭蕾舞的兩人。欣賞周圍的人被嚇到的表情也很有趣
2.活潑的饒舌歌手以充滿嘲諷的口吻介紹紐約的魅力
3.特技表演讓車上乘客看得大呼過癮

透過猜謎來了解曼哈頓

4.利用車上的螢幕提出跟紐約有關的問題
5.也可以從謎語中認識到紐約意外的一面

白天晚上每次都很有趣！

6.7.不只是白天，晚上也有班次。可以享受霓虹閃爍的時代廣場等夜間行程

我會介紹得很好笑喔！

曼哈頓之旅出發！

由2位導遊負責介紹！

感受『時下』的紐約❷

可以遇見大明星？！曼哈頓眾所矚目的地點

紐約是個不斷地孕育出最新文化的大都會。以下將分門別類為大家介紹如今在曼哈頓掀起話題的景點，聽說幾位大明星和名媛貴婦也是常客喔！

Ace Hotel

紐約客也很熱衷？！大人的夜間娛樂據點

酷炫設計中充滿玩心的飯店。酒吧、餐廳等不需入住也可以使用的設施，也深受對流行相當敏銳的紐約客喜愛。客房內有復古風家具、吉普森吉他、唱盤等，感覺就像在朋友家裡。親切友善的工作人員提供的服務也很大受好評。

DATA
交ⓂN・R線28 ST站步行1分 住20 W.29 St.(bet. Broadway & 5 Ave.) ☎(1-212)679-2222 金小客房$266～、雙人房$366～ 269間

1.座落在話題性十足的最新飯店雲集的南中城裡 2.細緻的裝潢讓人感受到飯店堅持的客房（雙人房） 3.飯店櫃台的氛圍就像是電影院的售票窗口

Ace Hotel推薦店家

The Breslin Bar & Dining Room

在英式酒吧享用早午餐

店內瀰漫著一股懷舊的古典氣氛，宛如出現在電影裡某一個場景的空間。從肉類的主餐到輕食、下酒菜等，種類琳瑯滿目的菜色一應俱全。有很多人週末會來這裡吃早午餐。

DATA ☎(1-212)679-1939
時7時～11時45分、12～16時、17時30分～24時(酒吧～翌4時)
休無休

1.氣氛十分熱鬧的店內也受到業界人士及貴婦名流的好評 2.也提供馬芬$4、羊肉漢堡$21等輕食

Opening Ceremony

旅行的用品都在這裡

該精品店和裘莎娜推出的聯名款也曾引爆話題。位在1F的店面以「旅行」為題，網羅各種商品。不光是流行服飾，也販售美妝品、日用品等，商品內容應有盡有。

DATA ☎(1-646)695-5680
時11～21時(週日12～19時)
休無休

1.2.經手世界各地各式各樣的商品，也有獨家商品

©Courtesy Opening Ceremony

經手Ace Hotel經營和設計的是名為neverstop的創作團體。以「做自己想做的事」為活動宗旨，是美國目前最受矚目的團體。

Check!

新飯店陸續開幕的中城南區

「Ace Hotel」所在的中城南區開了不少附設知名商店和餐廳的設計型飯店。以前原本什麼都沒有的區域，如今成為熱門的大人遊樂場，引發不少話題。

The NoMad Hotel

改建自法式布雜藝術建築。館內也有「MAISON KITSUNE」的首家美國路面門市和3星級餐廳。

DATA ⓧⓂN·R線28 ST站步行1分 ㊟1170 Broadway(at 28 St.) ☎(1-212)796-1500 ㊎經典客房$385～ 168間 別冊MAP ●P9C2

Gansevoort Park Avenue NYC

摩登的設計大受好評。位於20F的屋頂酒吧及游泳池等設施也很齊全。

DATA ⓧⓂ6線28 ST站步行1分 ㊟420 Park Ave. South(at 29 St.) ☎(1-212)317-2900 ㊎標準客房$295～ 249間 別冊MAP ●P9D1

上西區 別冊MAP P12A1

Organic Avenue

在紐約掀起話題的健康果汁

專營食品、雜貨等有機產品的商店。尤其是該店獨家的果汁最受好評，從使用當季蔬菜和水果的果汁，到有機咖啡豆沖泡的咖啡、拿鐵等，備有約20種飲品。據說具有排毒的效果，眾多知名人士都是愛好者，蔚為話題。

DATA
ⓧⓂ1線79 ST站步行5分 ㊟461 Amsterdam Ave.(bet. W.82 & W.83 Sts.)
☎(1-212)358-0500 ㊐7～21時(週六、日8時～) ㊡無休

1.可以在便利商店般的店內挑選果汁 2.橘色的招牌很顯眼 3.蕃茄汁的處女瑪麗$8 4.薄荷小黃瓜汁$9 5.柳橙汁$7.50

這些名人都是常客
布蕾克．萊芙莉（女星）
傑克．葛倫霍（男星）
梅格．萊恩（女星）
葛妮絲．派特洛（女星）

肉品包裝區 別冊MAP P20A3

Scoop

這裡有最新的流行服飾

足以代表紐約的精品店之一。從舉世聞名的rag & bone及3.1 Phillip Lim，到新銳的年輕設計師商品等，該店精選的商品並不以知名度為依據。也會舉辦品牌的新品發表會，在對時尚十分敏銳的名人圈中擁有眾多擁護者。

DATA
ⓧⓂL線8 AV站步行5分 ㊟861 Washington St.(at W.14 St.)
☎(1-212)691-1905 ㊐11～20時(週日～19時) ㊡無休

這些名人都是常客
娜塔莉．波曼（女星）
潔西卡．辛普森（女星）
喬．強納斯（歌手）
麗．樂扎克（DJ、模特兒）

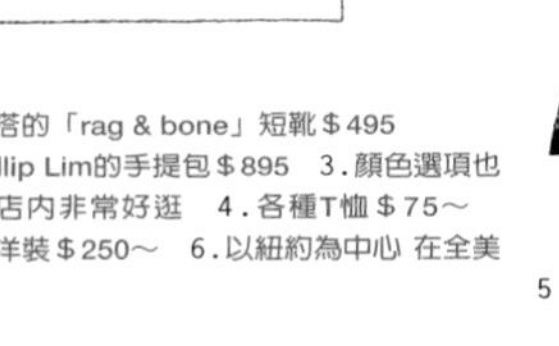

1.方便穿搭的「rag & bone」短靴$495 2.3.1 Phillip Lim的手提包$895 3.顏色選項也很齊全的店內非常好逛 4.各種T恤$75～ 5.設計師洋裝$250～ 6.以紐約為中心 在全美拓展分店

就像化身成憧憬的劇中主角！?

電視影集＆電影的外景地巡禮

紐約的街景經常出現在電視影集和電影裡，走在街上，就能看見和螢光幕上一模一樣的場景。不妨前往那些令人嚮往的外景地，重溫當時的感動！

花邊教主
Gossip Girl

描寫住在上東區的上流社會高中生們的愛情故事。以曼哈頓為舞台，從酒、藥、性等角度描繪他們奔放又時尚的生活。

S 瑟琳娜
人人稱羨的高佻金髮美女。性格親切和善，永遠都是上東區的話題焦點。劇情是從一度離開曼哈頓的她回來之後展開的。

D 丹
在布魯克林長大的平民，但是在父親的勸說下進入貴族高中。高中時代和瑟琳娜交往。立志成為作家，考上紐約大學。

B 布萊兒
瑟琳娜的好朋友。不服輸的完美主義者。母親是知名的服裝設計師。在學校擔任學生會長的資優生，從紐約大學轉學到哥倫比亞大學。

C 查克
奈特的好朋友，和瑟琳娜是沒有血緣的兄妹。掌管父親留下的公司的年輕經營者。深愛著布萊兒，但是分分合合的。

J 珍妮
丹的妹妹。從布萊兒手中接下校花的寶座，但是後來發生醜聞，離開了這個地方。

N 奈特
英俊又溫柔，但有些優柔寡斷。和一起長大的布萊兒交往。考上哥倫比亞大學後，在美女的邀請下，開始在報社工作。

外景地Check！

中央公園
Central Park

廣大的公園各處不時在約會場景中登場。公園名景之一的畢士達噴泉曾經用來拍攝布萊兒和奈特散步時的場景等。（第2季第20集）
DATA→P26

布魯克林
Brooklyn

丹出生、長大的地方。在丹和一家人去附近的富爾頓渡輪州立公園踢美式足球的畫面中出現。（第1季第9集） DATA→P30

大都會藝術博物館
The Metropolitan Museum of Art

正門前的階梯是拍攝地點，屢次出現在高中時代的朋友們聊天的場景中。（第1季第13集）
DATA→P104

若喜歡流行時尚，也很推薦花邊教主中布萊兒鍾愛的品牌「Milly」，以及網羅慾望城市劇中4位女主角喜愛品牌的「Barneys New York」（→P53）。

Check！

慾望城市的流行服飾都在這裡！

1. 除了成衣的品項以外，假髮的種類也很豐富
2. 太陽眼鏡等配件也很齊全

東村 別冊MAP P19C1

Patricia Field

由負責『慾望城市』及『穿著PRADA的惡魔』『醜女貝蒂』等劇組服裝造型的派翠西亞．菲爾德開的店。以大膽的設計風格吸引世人眼球的店家原創商品等，有許多高品味的商品。

DATA ㊋從ⓂF線2 AV站步行3分 ㊟306 Bowery(bet. E. Houston & Bleecker Sts.) ☎(1-212)966-4066 ㊐11～20時(週五、六～21時) ㊡無休

慾望城市
Sex and the City(SATC)

愛情和工作兩得意的4位女性落落大方地表露出性事及戀愛、結婚等成熟女性的真心話。以最新的流行行頭及豪華的演出陣容等掀起話題的都會流行喜劇。

C 凱莉
在紐約之星報紙上連載名為『Sex and the City』專欄的作家。是個老菸槍，偏愛Manolo Blahnik、Jimmy Choo等品牌，愛鞋成痴。

CH 夏綠蒂
藝廊經理人。是個純愛主義者，夢想著嫁個如意郎君的千金大小姐，但是在清純的外表下，偶而也會做出大膽的舉動，令其他3人跌破眼鏡。

S 莎曼珊
工作和戀愛都自由奔放的公關公司老闆。很害怕受到特定的男性束縛，在性事上是4人裡面最熱情奔放的人，也三不五時會惹出一些麻煩。比其他3人稍微年長。

M 米蘭達
畢業於哈佛大學的律師。嘴巴很毒，說話的時候總是極盡譏嘲之能事，但是很會照顧人，也有大姊姊的一面，是凱莉很重要的商量對象。希望能與男性永遠保持對等的關係。

參觀時請保持安靜！

外景地Check！

凱莉的家
Carrie's Apartment

經常出現在約會對象送女主角回家的場景中。和新男友艾登一起出現的畫面中，被告知無法和抽菸的人交往。（第3季第5集）

DATA
㊟64 Perry St.（由於是一般的民宅，不能參觀內部）
別冊MAP●P17A1

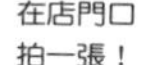

在店門口拍一張！

Magnolia Bakery

是凱莉最喜歡的杯子蛋糕。（第3季第5集）夏綠蒂身上穿的圍裙也是出自該店。（電影版2）

DATA→P74

好豪華！

Buddakan

以豪華的裝潢打開知名度，融入亞洲風格的餐廳。舉行過凱莉和大人物結婚前一晚的單身派對。（電影版）

DATA 別冊MAP●P20B3
㊋ⓂA·C·E線14 ST站步行5分
㊟75 9 Ave.(at W.16 St.) ☎(1-212)989-6699 ㊐17時30分～24時(週六、日17時～翌1時。視星期幾而異)

穿著PRADA的惡魔
The Devil Wears Prada 2006年

立志成為記者的安德莉亞當上知名時尚雜誌王牌總編輯的助理，一面忍耐她的蠻不講理，一面學習時尚界的工作。

中城一帶
Midtown

外景地Check！

安德莉亞上班的出版社是位於1221 6 Ave.的麥格羅．希爾大樓（別冊MAP ●P22B1）。從一開始前往面試的場景起，在劇中多次出現。無線電城（→P89）是最後一幕的舞台。

無線電城也是知名演唱會場地

第凡內早餐
Breakfast at Tiffany's 1961年

荷莉夢想嫁入豪門，在紐約過著奔放的生活。住在同一棟公寓裡，立志成為作家的保羅則逐漸為不按牌理出牌的荷莉傾心。

Moon River～

Tiffany（總店）

同時也是電影片名的珠寶店。實際店裡並未提供早餐，但是劇中有赫本以該店為背景吃丹麥麵包的畫面。美麗的裝飾藝術風格的大門口令人印象深刻。
DATA →P38

已然成為觀光景點的第五大道地標

當哈利遇上莎莉
When Harry Met Sally... 1989年

對彼此的第一印象糟到極點的男女經歷過11年的歲月，逐漸從朋友變成情人。描寫男女間友情的愛情喜劇。

中央公園
Central Park

紐約各式各樣的風景都曾經是電影裡的外景地。在楓紅似火的中央公園裡散步的畫面還成了影帶封面，可謂著名場景之一。由出身自紐約的導演、編劇所呈現的景色也很值得關注。 DATA →P26

對於紐約客來說，在中央公園散步是很平常的事

小小資訊 紐約的電影院和國內不同，全部都是自由座。想要坐到好的位置就得先下手為強，所以請記得要比上映時間還要早一點入座。當然也沒有字幕，因此需具備一定英語能力。

女孩我最大
Girls 2012年～

描寫住在紐約的4個時下20歲女孩寫實的日常生活，在全美也掀起話題的影集。飾演其中一位主角漢娜的蓮娜．鄧漢也參與了編劇、導演、製作總指揮。

外景地Check！

Café Grumpy

女主角漢娜打工的地方，位於布魯克林綠點區的咖啡廳。切勿錯過在店內發生的複雜人際關係。（第2季第5集）

DATA ⊗ⓂG線GREENPOINT AV站步行10分
㊟193 Meserole Ave.☎(1-718)349-7623
㊐7時～19時30分（週六、日為7時30分～）
㊡無休
別冊MAP●P3C3

真實存在的咖啡廳

在影集中出現過好幾次

歡樂合唱團
glee 2009年～

位於俄亥俄州的高中有個就快要解散的合唱團。顧問威爾立志要讓母校的合唱團起死回生。是全美大受歡迎的校園影集，可以聽到許多跨越世代的名曲。

曼哈頓
Manhattan

自第4季開始，主要角色瑞秋和科特前往紐約。兩人就讀的NYADA雖然是虛構的學校，但是在劇中可以看到中央公園等曼哈頓的街景。

以紐約為舞台的電影年表

紐約從以前就是電影的外景地，出現在無數的作品裡。以下為大家彙整一些掀起話題的作品。

●…愛情片 ●…喜劇片 ●…科幻片
●…動作片 ●…劇情片 ●…驚悚片
●…懸疑片

1961年	第凡內早餐
1968年	浩劫餘生
1972年	教父
1976年	計程車司機
1977年	安妮霍爾
1977年	週末夜狂熱
1979年	曼哈頓
1979年	克拉瑪對克拉瑪
1980年	女煞葛洛莉
1984年	四海兄弟
1984年	墜入情網
1984年	美人魚
1986年	漢娜姊妹
1987年	華爾街
1987年	發暈
1987年	成功的祕密
1987年	致命的吸引力
1988年	上班女郎
1988年	飛進未來
1988年	來去美國
1989年	當哈利碰上莎莉
1989年	黑雨
1990年	綠卡
1990年	第六感生死戀
1991年	奇幻城市
1991年	地球之夜
1991年	叢林熱
1992年	小鬼當家2
1992年	黑潮麥爾坎
1993年	西雅圖夜未眠
1994年	終極追殺令
1995年	煙
1996年	大家都說我愛你
1997年	MIB星際戰警
1998年	彗星撞地球
1998年	電子情書
2000年	紐約的秋天
2001年	香草天空
2001年	穿越時空愛上你
2001年	美國情緣
2002年	神鬼交鋒
2002年	紐約黑幫
2002年	蜘蛛人
2005年	金剛
2006年	穿著PRADA的惡魔
2006年	世界貿易中心
2006年	博物館驚魂夜
2007年	美國黑幫
2007年	我的藍莓夜
2007年	料理絕配
2009年	亡命快劫
2010年	黑天鵝
2011年	101次新年快樂
2013年	大亨小傳

當地流行晴天時在戶外吃午餐！

紐約的散步景點 在戶外野餐！

中央公園和高線公園是紐約客的休閒場所。由於公園內也有很多長椅，因此也是很受歡迎的午餐據點。不妨趁著晴朗的天氣出去散步兼野餐。

中央公園
Central Park

紐約客引以為傲的綠色公園

座落在曼哈頓中央的廣大公園，由菲德烈克・羅・奧姆斯德和卡佛特・沃克斯共同設計。呈現南北長約4公里、東西長約800公尺的長方形，配置草坪廣場和散步＆自行車道、噴泉、人工湖等。在高樓大廈林立的曼哈頓裡，中央公園是猶如綠洲般的存在。週末經常可見各自消磨時光的紐約客身影。

DATA
㊂Ⓜ1・A・B・C・D線59 ST-COLUMBUS CIRCLE站等

1.從19世紀中葉花了20年建造而成，是紐約客的休閒場所　2.園內可以搭馬車遊覽，20分＄100～　3.也有很多來溜狗的人。隨處可見代替主人帶狗散步的業者「Dog Walker」　4.公園附近也可以看見很多餐車　5.充滿了湖水和森林等自然　6.也有自行車專用的步道，舒適愜意

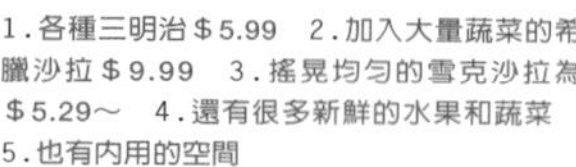

1.各種三明治＄5.99　2.加入大量蔬菜的希臘沙拉＄9.99　3.搖晃均勻的雪克沙拉為＄5.29～　4.還有很多新鮮的水果和蔬菜　5.也有內用的空間

Whole Foods Market at Columbus Circle

販賣許多天然食品的連鎖超市。外帶用的沙拉及三明治、湯等熟食區品項十分齊全。

DATA　㊂Ⓜ1・A・B・C・D線59 ST-COLUMBUS CIRCLE站下車即到　㊟時代華納中心內（→P92）　☎(1-212)823-9600　㊕7～23時　㊡無休　別冊MAP●P24A2

中央公園內也有「愛麗絲夢遊仙境雕像」（別冊MAP●P13C2）與「安徒生銅像」（別冊MAP●P13C2）等雕塑，不妨一邊散步一邊探索。

Ⓐ 眺望台城堡
Belvedere Castle

完成於19世紀的蘇格蘭風格石砌城堡。幾乎位於公園的正中央，從頂樓可以一覽整座公園。

DATA ㊋10～17時 ㊡無休 ㊎免費

Ⓑ 大湖
The Lake

周圍種滿樹木的廣大湖泊。橫跨在湖上的弓橋是園內首屈一指的風景名勝。也可以坐在小船上遊湖。

DATA ㊎1小時$12

Ⓒ 草莓園
Strawberry Fields

位於約翰・藍儂遭到槍殺的達科塔公寓對面的廣場。廣場中央有緬懷藍儂的馬賽克紀念碑「IMAGINE」。

在86 St.北側只有跑道之類的，沒什麼觀光名勝。深夜請不要進到公園內

86st.

Ⓜ86ST

大都會藝術博物館

Ⓜ81ST - MUSEUM OF NATURAL HISTORY

79st.

從眺望台城堡前面的廣場可以將湖泊及野外劇場盡收眼底

達科塔公寓

從弓橋看出去的景色很美

第五大道

Ⓜ72ST

Loeb Boathouse

65st.

Ⓜ59ST - COLUMBUS CIRCLE

冬天會變成溜冰場的「沃曼溜冰場」。㊎$22（內含租溜冰鞋的費用）

Ⓜ5AV/59ST

休息&收集資訊

Loeb Boathouse

蓋在湖畔，氣氛閑靜的咖啡廳。最適合來此吃午餐或喝下午茶，面對湖泊的露天座位區建議先訂位。4～11月也可以享用晚餐。

DATA ㊋12～16時、17時30分～21時30分（週六、日9時30分～16時、18時～21時30分。僅12～3月為週一～五12時～，週六、日9時30分～）㊡無休

旅客服務中心
Dairy Visitor Center & Gift Shop

提供中央公園的地圖等，可以索取公園的資訊。也販賣中央公園的週邊商品。

DATA ☎(1-212) 794-6564 ㊋10～17時 ㊡無休

Ⓓ 綿羊草原
Sheep Meadow

以前曾經是綿羊放牧場的草皮廣場。擁有約57000平方公尺的面積，可以享受野餐等活動。

DATA ㊋11時～日落 ㊡11月中旬～4月中旬

Ⓔ 旋轉木馬
Carousel

自1871年登場以來，一直深受紐約客喜愛的旋轉木馬。木馬的裝飾皆為手工製，帶有濃濃復古風。

DATA ㊋10～18時（11～3月為不定）㊡天候不佳時 ㊎$3

Ⓕ 動物園
Central Park Zoo

位於公園東南部的動物園。海獅的餵食秀及可以和山羊們一起玩的兒童動物園非常受歡迎。

DATA ㊋10～17時（視季節、星期幾而異）㊎$12

Ⓖ 畢士達噴泉
Bethesda Fountain

中央有一座水之天使畢士達的雕像。鋪石板的圓形廣場最適合小憩片刻。週末有街頭藝人的表演，還有很多活動。

高線公園
High Line

在大都會來趟悠閒的空中散步

1930～80年代之前，原本是作為貨運火車專用鐵軌使用的高架路線。後來雖已廢線，但是基於市民的意見，於2009年蛻變成鋪設散步道的公園。2014年9月所有工程均已竣工，成為甘斯沃爾特街延伸至西34街，高9公尺、全長2.3公里的空中公園。

DATA
㊋ⓂA·C·E線14 ST站到W. 14 ST的入口步行8分；C、E線23 ST站到W. 23 ST的入口步行10分；A、C、E線34 ST PENN STATION站到W. 34 ST的入口步行10分
㊟Gansevoort St.～34 St. ☎(1-212)206-9922 ㊐7～22時、6～9月為～23時、12～3月為～19時
㊡無休 URL www.thehighline.org/

交通memo

往高線公園的進出口（入口），每隔2～3個街區就設有1處，共10處。從地鐵站前往最方便的入口在14街、23街、34街等3處。設有電梯的進出口僅甘斯沃爾特街、14街、16街、23街、30街等5處。人潮擁擠時，甘斯沃爾特街以外的入口也可能關閉。

免費活動

高線公園觀星
Stargazing on the High Line

在紐約活動的天文學家協會協助舉辦的觀察星空活動。4～10月的每週二日落後，在位於高線公園內W. 13 St.與W. 14 St.之間的廣場上舉行。地點會視天氣、時間而變動。只有英語。

免費導覽散步行程
Free Guide Walking Tour

5～9月的每週二18時30分開始舉行，由英語導遊帶隊的散步行程。一邊聆聽與高線公園的歷史及設計有關的說明，在步道上散步大約1個小時。集合的地點在甘斯沃爾特街入口，請在行程開始前15分鐘到達。

C 陽光水岸與鐵軌保留區
Sundeck Water Feature and Rail Preserve

擺放著最適合做日光浴的太陽椅，是高線公園首屈一指的熱門景點。從大馬路的西側可以遠眺哈德遜河的夕陽美景。

● → 樓梯(入口)
● → 電梯(入口)
W.14 St. W.16 St. W.18 St. W.20 St.
WC WC
A B C D E
往Ⓜ A、C、E線 14 ST站
Gansevoort St.

A 甘斯沃爾特木棧道
Gansevoort Woodland

位於高線公園的南端。原封不動地將鐵軌保留在步道的中央，花草生長茂盛的前方矗立著由歷史性建築物改建而成的辦公大樓──高線大樓。

B The Standard Hotel
別冊MAP●P20A4

有如橫跨在高線公園上的外觀，高達20層樓的飯店十分有型。所有的客房從地板到天花板是一整面玻璃窗，可以欣賞高線公園和哈德遜河的景色。1F的餐廳及位於屋頂上的酒吧也受到業界人士及創作者們相當高的評價。

DATA ㊋ⓂA·C·E線 14 ST站步行10分
㊟848 Washington St.(at W.13 Sts.)
☎(1-212)645-4646 ㊎標準客房$329～

1.客房以白色為基調，走極簡風格 2.從甘斯沃爾特木棧道上看到的風景

位於高線公園南側的惠特尼藝術館（別冊MAP●P20A4），於2015年5月1日正式開幕。可以預期這將是肉品包裝區（→P46）的新興藝術景點。

D 第十大道廣場

10th Avenue Square

為高線公園上最寬敞的地方，可以從階梯狀的觀景席隔著玻璃俯瞰第十大道。不妨一面欣賞奔馳在高架橋下的車輛，悠閒地休息一下。

E 雀兒喜草地

Chelsea Grasslands

以鐵路還在時的景觀為設計概念，種植著各種花草的區域。可以欣賞到四季不同的花卉。

特別推薦餐車美食

步道沿線從春天到秋天會出現各種行動餐車。The Standard Hotel、15街、17街、30街附近是行動餐車出沒的地方。

鹹味等各種口味＄4

「Sigmund's」的蝴蝶脆餅

DATA ㊟29 Ave.B (bet. 2 & 3 Sts.)

來自西海岸的名店「Blue Bottle Coffee」也設有攤位

＼趁著散步的空檔／

義式冰淇淋的攤位 杯裝＄3

高線公園一路上有好幾個冰淇淋攤販

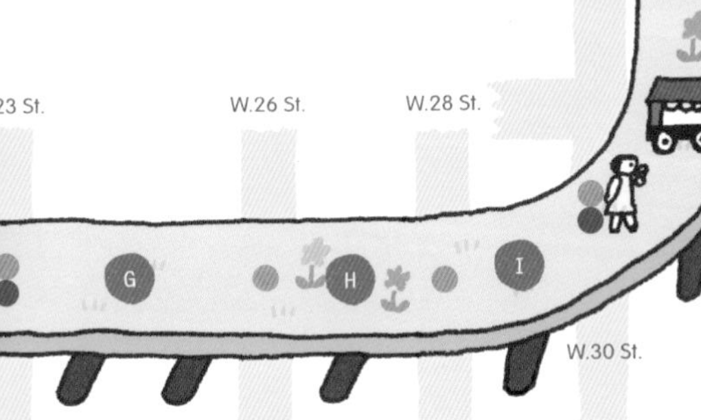

H 野花花壇

Wildflower Field

宛如沿著位於橋兩邊的鐵軌自然生長的佛甲草和麒麟菊等植物，一年四季皆可欣賞。由於官方網站上會公布每種進入花期的花草，有興趣的人不妨上網確認一下。

I 徑向長椅

Radial Bench

沿著橋設置的木製長椅。面向哈德遜河勾勒出平緩曲線的長椅最適合在散步的時候過來歇歇腳。

F 23街草坪&座位台階

23rd Street Lawn & Seating Steps

用紅磚鋪成的台階式長椅和長著茂盛草坪的休息場所。可以看到坐在草坪上看書、在長椅上談天說地的紐約客身影。

G 法爾科內天橋

Falcone Flyover

夾在大樓和大樓之間的高架步道。原封不動地保留從建造前就自然長出的植物，是考量環境的設計。從散步道上稍微敞開的地方可以俯瞰周邊的街景。

曼哈頓搭乘電車10分，前往話題十足的區域！

走訪最新潮流景點 漫步布魯克林

布魯克林在紐約客之間也非常受到歡迎，其中又以作為潮流傳播據點而大受矚目的威廉斯堡和過去曾經是倉庫區的登波最值得推薦給觀光客。

出發前Check！

●簡單明瞭的布魯克林

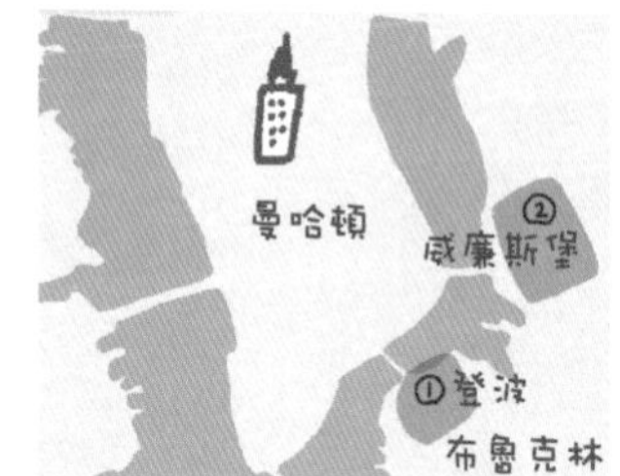

1 登波 Dumbo

指的是取「Down Under the Manhattan Bridge Overpass」的第一個字母命名的地區。該區域原本是倉庫區，如今由古老的建築物改建而成的藝廊和商店愈來愈多。可以欣賞曼哈頓風光的公園也很受觀光客的喜愛。

2 威廉斯堡 Williamsburg

由於不少藝術家和音樂人移居此地，成為備受矚目的流行傳播據點。以貝德福德大道為中心，開設不少個性化的店家，街頭各個角落都可欣賞到塗鴉藝術。

●區域間的移動

由於沒有以直線連結南北兩個區域的地鐵，只能搭乘巴士或東河渡輪移動。而且這兩個區域都離巴士站很遠，所以建議搭乘渡輪。如果要花一整天遊逛，可以從曼哈頓搭地鐵到威廉斯堡，再從威廉斯堡搭渡輪前往登波。各區域的遊逛方法請參照P31和P33。

位在橋下的往日倉庫區

登波 Dumbo

公園 別冊 MAP P15A4

布魯克林大橋公園 Brooklyn Bridge Park

欣賞曼哈頓的街景和大橋的絕佳夜景據點

布魯克林大橋是美國最古老的橋樑，橋下有一大片公園。在以前的倉庫區有整修好的步道和草坪廣場，天氣好的時候會有很多人來這裡享受慢跑或野餐的樂趣，非常熱鬧。可以將下曼哈頓的街景一覽無遺，因此也成為觀賞夜景的據點（→P87）。

DATA ㊌ⓂA·C線HIGH ST站或是F線YORK ST站步行12分 ㊟334 Furman St. ㊋6時～翌1時（視季節而異） ㊡無休

1.由法國的建築家讓．努維勒親手打造的旋轉木馬　2.夏天也會在公園內的草坪上舉辦電影鑑賞活動

小小資訊 布魯克林還有保存古老街道的公園坡（Park Slope），以及分成波倫山、卡波丘、卡羅爾花園等3區，分布著美味可口的餐廳和商店的波可卡（BoCoCa）等區域。

街頭漫步POINT

最近的車站為F線的YORK ST站和A、C線的HIGH ST站。步行通過布魯克林大橋大約要花上40分鐘左右。從布魯克林大橋到布魯克林大橋公園建議走Old Fulton St.。商店和餐廳多分布在Water St.和Front St.兩側。

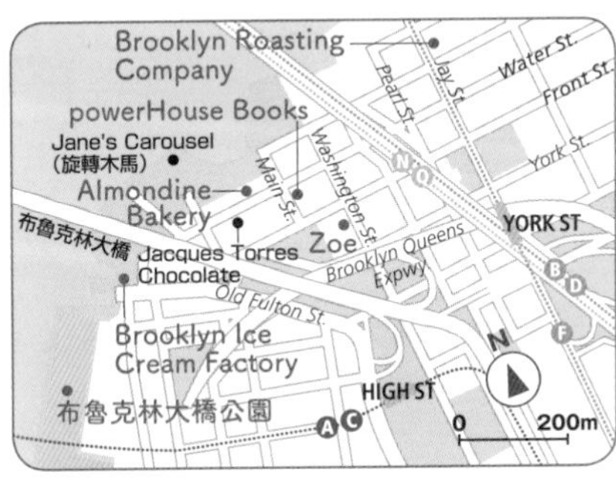

書店 別冊MAP P15A3 powerHouse Books

攝影、藝術類書籍很豐富的書店

該書店兼做名為「Power House」的出版社辦公室，以及攝影集和藝術作品的藝廊。除了有設計、藝術類的書籍以外，也販賣由藝術家設計的明信片和文具等雜貨。

DATA 交ⓂF線YORK ST站步行10分 住37 Main St.(at Water St.) ☎(1-212)604-9074 時10～19時(週六、日11時～) 休無休

寬敞的店內也開放為活動空間

流行服飾 別冊MAP P15A3 Zoe

高品味的商品琳瑯滿目

販售在時尚雜誌中大放異彩的品項的精品店。經手的品牌有LANVIN、在美國赫赫有名的Proenza Schouler等等。

很受20～30多歲的女性青睞

DATA 交ⓂF線YORK ST站步行6分 住68 Washington St.(bet. York & Front Sts.) ☎(1-718)237-4002 時11～20時(週日～18時) 休無休

冰淇淋 別冊MAP P15A4 Brooklyn Ice Cream Factory

登波知名的無添加冰淇淋

外觀很討人喜歡的冰淇淋店。降低了甜度的冰淇淋隨時提供香草及水蜜桃奶油等8種口味。

1.以煙囪為標記 2.冰淇淋為1球＄4～

DATA 交ⓂF線YORK ST站步行11分 住Fulton Ferry Landing Pier ☎(1-718)246-3963 時12～22時 休週一

咖啡廳 別冊MAP P15B3 Brooklyn Roasting Company

布魯克林最具有代表性的咖啡店

由1800年代後期原本是烘焙工廠的建築物改建而成，一家充滿創意巧思的咖啡廳。在天花板挑高的寬敞店內，瀰漫著自行烘焙的咖啡香味。咖啡豆常備15種左右。也有將咖啡豆的袋子廢物利用，印上商標的週邊商品。於2015年春天在曼哈頓（別冊MAP●P9C2）推出分店。

DATA 交ⓂF線YORK ST站步行7分 住25 Jay St. (bet. Plymouth & John Sts.) ☎(1-718) 522-2664 時7～19時 休無休

1.可以自在放鬆的沙發空間 2.哥倫比亞產的咖啡豆（罐裝）＄13 3.在濃縮咖啡裡加入了牛奶的哥達多咖啡＄3.25 4.甜甜圈＄3 5.可頌麵包＄3

麵包店 別冊MAP P15A3 Almondine Bakery

Almondine Bakery

法式烘焙坊

供應長棍麵包三明治及可頌麵包等麵包和塔類、閃電泡芙等甜點的店。店內也設有內用空間。

長棍麵包三明治＄7.80～、閃電泡芙＄4.25～

DATA 交ⓂF線YORK ST站步行10分 住85 Water St. (bet. Main & Dock Sts.) ☎(1-718)797-5026 時7～19時(週日10～18時) 休無休

引領布魯克林的流行

威廉斯堡

Williamsburg

珠寶首飾 別冊MAP P16B2 Catbird

1.令人心情平靜的空間　2.Catbird項鍊$38～　3.蠟燭$30（1個）

由當地設計師設計的珠寶

主要販售由當地設計師設計的商品。在瀰漫著復古&古典氛圍的店內，從女性化的風格到個性化的商品都有，琳瑯滿目。也很推薦買蠟燭或香皂等作為伴手禮。

DATA　㊋ⓂL線BEDFORD AV 站步行3分 ㊟219 Bedford Ave.(bet. N.4 & N.5 Sts.) ☎(1-718)599-3457 ㊉12～20時(週日～18時) ㊡無休

1.菜單每天變換。起司拼盤$18
2.陳列著當地的雜貨　3.托特包$20

複合式商店 別冊MAP P16A4 Marlow & Sons

時髦的雜貨與話題美食結合

食品、雜貨、餐廳等，集結各種生活相關事物的複合式商店。以布魯克林郊外契約農家送來的有機食材烹調的美式餐點很受歡迎。

DATA　㊋ⓂJ·M·Z線MARCY AV 站步行10分 ㊟81 Broadway(bet. Wythe Ave. & Berry St.) ☎(1-718)384-1441 ㊉8～24時 ㊡無休

咖啡廳 別冊MAP P16A2 Bakeri

優雅享受種類豐富的手工麵包早餐

出身挪威的Nina為了提供美味可口的麵包而開設這家店。Bakeri的店名是挪威語「Bakery（麵包店）」的意思。每天早上都會當場現烤20～25種麵包及馬芬、司康等等。

DATA　㊋ⓂL線BEDFORD AV站步行7分 ㊟150 Wythe Ave.(bet. N.7 & N.8 Sts.) ☎(1-718)388-8037 ㊉7～19時(週六、日8時～) ㊡無休

1.隨時陳列著20種麵包　2.令人放鬆的店內　3.中午也提供午餐拼盤。酪梨的單面三明治$7　4.滿滿都是奶油的布里歐麵包$3.50　5.酸櫻桃檸檬蛋糕$4

小小資訊　從布魯克林的登波移動到威廉斯堡，搭乘東河渡輪會比地鐵還要方便。營運時間（夏季）6時45分～19時45分（週六、日9時45分～19時55分），行駛間隔為45分，單程$4（週六、日$6）。

1.商品一目瞭然的陳列方式　2.以樹墩城咖啡（上）和海鹽命名的巧克力各$8

Mast Brothers Chocolate

非常講究可可豆的巧克力

由兩兄弟成立，源自布魯克林的巧克力店。從可可豆的挑選開始都是自行著手。還有辛香料和鹽味等稀奇的口味。

DATA　交Ⓜ L線BEDFORD AV 站步行7分　住111A N. 3 St.(bet. Berry St. & Wythe Ave.)　☎(1-718)388-2644　時10～19時(週日～17時)　休無休

街頭漫步POINT

最近的地鐵車站是L線的BEDFORD AV站和J、M、Z線的MARCY AV站。商店及咖啡廳以BEDFORD AV站為中心分布。瞄準布魯克林跳蚤市場（→P35）的人，請從東河渡輪的North Williamsburg開始逛起。

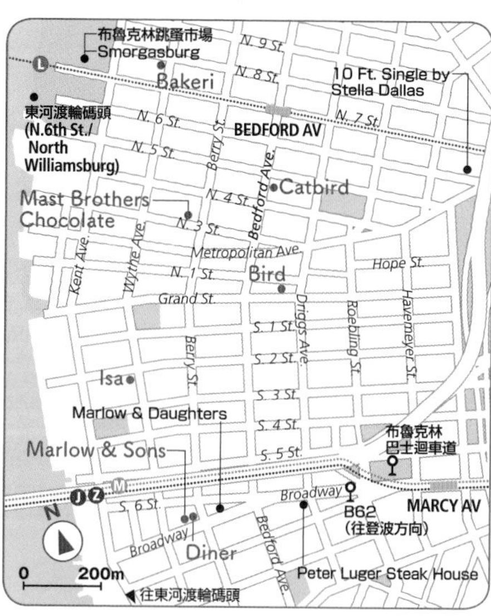

Isa

知名主廚的創意美食

使用了大量近郊產的季節性蔬菜，也加入了蘿蔔及昆布等日本食材，充滿了精緻講究的菜單。

1.由塔波·索馬（→61）打造而成　2.有自製的肉丸$13等菜色

DATA　交Ⓜ L線BEDFORD AV 站步行12分　住348 Wythe Ave.(at S.2 St.)　☎(1-347)689-3594　時12～16時、18～23時(週日～22時)早午餐為週六、日11時～15時30分　休無休

Bird

集結了休閒元素

以當地人為主要客群，非常受歡迎的複合式精品店。店裡擺滿ACNE及Rachel Comey等的品牌。

也販賣男仕精品

DATA　交Ⓜ L線BEDFORD AV 站步行7分　住203 Grand St.(bet. Bedford & Driggs Ave.)　☎(1-718)388-1655　時12～20時(週六、日11～19時，週一、五11時～)　休無休

Diner

充滿復古情懷的餐廳

以1920年代的小餐館為規畫概念，所有的菜色都會每天更換，以輕食為主。尤其是漢堡$15大受歡迎。

1.大紅色的外觀很顯眼
2.當地人高朋滿座的熱門店

DATA　交Ⓜ J·M·Z線MARCY AV站步行10分　住85 Broadway (at Berry St.)　☎(1-718)486-3077　時11～17時、18～24時(週五、六～翌1時)早午餐為週六、日10～16時　休無休

以逛熱鬧慶典般的心態好好享受

在知名的市集 吃吃喝喝＆尋找伴手禮

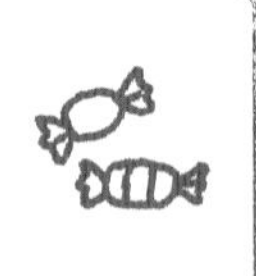

以週末為中心，在各地舉行的市集。從只販賣骨董及雜貨的跳蚤市場，到充滿美味食物的美食市集，不妨到處走走看看，尋覓自己喜愛的物品。

雀兒喜市場 Chelsea Market

匯集各種美食的“食物”主題樂園

由過去的納貝斯克工廠和舊倉庫改建而成的巨大美食市集。紅磚建造的建築物還殘留著工廠的影子，裡頭除了有餐廳以外，還有甜點店及熟食、生鮮食品店等，共聚集約40家引發熱烈討論的美食商店。

DATA
㊋ⓂL線8 AV站、A·C·E線 14 ST站步行5分 ㊟75 9 Ave.(bet. W.15 & 16 Sts.) ☎視店舖而異 ㊎7～21時(週日8～19時)視店舖而異 ㊡無休

1.各式各樣的香辛料皆以秤重的方式販賣的香辛料賣場 2.週末多半是觀光客及當地居民，熱鬧非凡 3.也可以在位於通道兩旁的內用區享用購買的商品

特別推薦SPOT

Eleni's Cookies

以自由女神及黃色計程車等紐約象徵為設計主題的糖霜餅乾專賣店。很適合買來送人的甜點應用盡有。

1.非常適合作為伴手禮的紐約禮盒$39.95 2.也有賣糖果及杯子蛋糕

1.餡料飽滿的高線公園捲$13.50 2.香煎鮪魚和芝麻的沙拉 $10.50

Lobster Place

從1974年開到現在，紐約最大的龍蝦販賣店。做為午餐份量剛好的壽司、海鮮沙拉等餐點也提供外帶服務。

Sarabeth's Bakery

販賣知名餐廳「Sarabeth's Kitchen」烘焙產品的糕點專賣店。馬芬及餅乾、果醬等種類也很豐富。

1.櫻桃李和鳳梨芒果的迷你果醬各$2 2.藍莓玉米馬芬$2.50

Lobster Place的招牌菜——龍蝦濃湯（小）$4.50、（中）$5.95、（大）$7.50，美味到曾多次登上當地雜誌介紹，非常出名。也可以試吃，因此經過時不妨嘗一下味道。

布魯克林跳蚤市場＆ Smorgasburg

Brooklyn Flea / Smorgasburg

布魯克林區的骨董＆美食跳蚤市場

每週末會在布魯克林好幾個地方舉行的跳蚤市場。其中也很推薦給觀光客的是威廉斯堡跳蚤市場，約有200家攤販。有骨董家具和二手服飾、裝飾品、藝術品、珠寶首飾等，不妨抱著尋寶的心態走走逛逛。4～11月下旬在戶外舉行，其他時間則是布魯克林皇冠高地的室內空間（別冊MAP●P3D4）舉辦。另一方面，Smorgasburg則是以美食為中心的食品市集。從知名咖啡廳到個人經營的攤販，有時會有多達100家店設攤。

1.由泰德・巴隆設計的「L・I・B・E・R・T・Y」樂譜＄5　2.盡情淘寶吧！　3.各種尺寸的行李箱＄25～　4.以明尼蘇達常見花卉為靈感的裝飾托盤＄5

DATA

●布魯克林跳蚤市場（威廉斯堡）
【4月～感恩節（11月下旬）】㊋ⓂL線BEDFORD AV站步行7分　㊟East River State Park（bet. N. 7 & 8 Sts.），㊐10～17時　㊡週一～六（週六在格林堡地區舉行）
【感恩節（11月下旬）～3月】㊋ⓂS・C線FRANKLIN AV 站下車即到　㊟1000 Dean St.（bet. Classon & Franklin Ave.）㊐10～17時　㊡週一～五　別冊MAP●P3D4
●Smorgasburg
㊋ⓂL線BEDFORD AV站步行7分
㊟East River State Park（bet. N. 7 & 8 Sts.）㊐11～18時　㊡週日～五（12～3月不舉行）

1.一面享受曼哈頓風光，一面享用當地美食的人們　2.也販賣手工製麵包　3.McClure's的酸黃瓜各＄10　4.「dough」的扶桑花甜甜圈（小）＄2.25

聯合廣場綠色市集

Union Square Greenmarket

有機食材的自銷市場

從1976年持續至今，是紐約歷史最悠久的露天市集。來自紐約近郊約150家店會來擺攤，販賣著各式各樣的食材，如當季的蔬菜及水果、鮮魚、肉及乳製品等。可以買到四季不同的當季食材很吸引人。

DATA

㊋Ⓜ4・5・6・L・R・N・Q線14 ST-UNION SQ站步行1分　㊟聯合廣場內（→P96）㊐8～18時前後　㊡週二、四、日

1.販賣新鮮的香草幼苗　2.使用了波葉大黃和覆盆子的自製果醬各＄3　3.農家直接送來的水果　4.到處都是來買新鮮食材的當地人

高敏銳度的紐約女孩親身力行

永續發展的環保生活

對地球無害的生活型態，正是目前在流行方面有著高敏銳度的紐約女孩關注的焦點。不妨利用在紐約購買的商品，也在國內實踐環保生活吧！

最常見的環保商品！紐約環保袋＄7.50～Ⓐ

以貓咪為設計主題的有機品牌Meow Meow Tweet的蠟燭 ＄22.99 Ⓐ

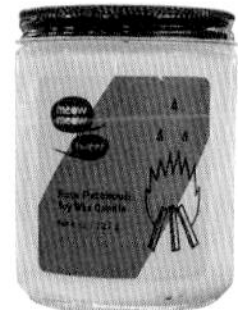

解讀潮流的關鍵字

【LOHAS】 樂活，取「Lifestyles Of Health And Sustainability」字首縮寫的單字，為健康且持之以恆的生活型態

【Fairtrade】 公平貿易，以適當價格購買發展中國家產品的貿易型態

【Sustainable】 永續發展，此處指的是推動社會發展的同時，顧及地球環境保護的理念

【Reuse】 再利用。不丟棄用過的物品，以原本的形體再次使用

【Locavore】 在地飲食，local（在地）和vore（意為飲食的字尾）組成的單字，意指食用當地收獲食材的人

【Ethical】 道德，泛指考量各種環境問題，倫理上採取正確行動的生活型態

以胺基酸等營養價值非常高的穀物打開知名度的有機藜麥 ＄13.50Ⓑ

公平貿易進口的Divine巧克力片 小＄2.95、大＄4.95Ⓐ

在巧克力混入杏仁、穀物等等的點心CHUNKS OF ENERGY ＄5.56Ⓑ

在調好味道、炸好的狀態下販賣的有機羽衣甘藍＄4.99Ⓑ

A 別冊MAP P7D1 ●東村

Sustainable NYC

品味極佳的環保商品應有盡有！

該商店網羅使用再生素材等各種考量環境保護的商品。充滿以有機、循環利用等對環境很友善的素材製作的衣服、化妝品、雜貨，很適合買回去送人。店家內部也附設有機咖啡廳。

DATA ㊋Ⓜ4·5·6線ASTOR PL站步行10分 ㊟139 Ave.A(bet. E.9 St. & St. Marks Pl.) ☎(1-212)254-5400 ㊐8～22時(週六、日9時～) ㊡無休

B 別冊MAP P17B1 ●肉品包裝區

Life Thyme Market

也販賣純素食品的有機超市

所有商品都是有機食品的超級市場。店內也供應目前蔚為話題的健康純素甜點，以及沙拉吧的熟食。生活用品也很豐富，所以不妨來找找在其他店裡買不到的稀有商品。

DATA ㊋ⓂA·B·C·D·E·F·M線W 4 ST/WASH SQ站步行2分 ㊟410 6 Ave.(bet. W.8 W.9 Sts.) ☎(1-212)420-9099 ㊐8～22時(週六、日9時～) ㊡無休

小小資訊 紐約的知名品牌陸陸續續地發表了考量到環境問題的永續發展精品。推出再生聚酯的丹寧精品「Waste＜Less」的Levi's也是其中之一。

購物

從高層次到現代化，

請先認識最新的紐約關鍵字。

也別忘了在美食餐廳及百貨公司、藥妝店

採購紐約行的伴手禮。

精選引領時尚界的紐約名牌

在總店＆旗艦店 購買誕生自紐約的品牌

在全球擁有高知名度的紐約名牌總店＆旗艦店，是令人想一探究竟的夢幻場所。歡迎盡情品味總店才有的齊全品項，感受洋溢上流社會氣息的氛圍。

1

3

4

5

2

中城　別冊MAP P25C2

Tiffany & Co.

1. Tiffany Atlas手鐲＄1750～　2. 萬花筒鑰匙＄13000（鍊子另售）　3. 正對著第5大道的大門口　4. 兩面都可以使用的托特包各＄675　5. 位在1F的主要樓層販賣設計師珠寶

在電影裡經常出現的第五大道地標

曾是電影『第凡內早餐』外景地而一舉打響知名度的高級珠寶品牌，如今相當於第五大道的地標，是衆所皆知的紐約觀光名勝之一。總店的大門採裝飾藝術風格，非常漂亮。店內從經典商品的訂婚戒指，到鑽石珠寶、餐具、皮件等一應俱全。

DATA
㊟ⓂN·Q·R線5 AV/59 ST站步行5分
㊟727 5 Ave.(at E.57 St.)　☎(1-212)755-8000
㊟10～20時(週日12～19時)　㊡無休

街上也有Tiffany的設計

中央車站正面大門的上方有一座全世界最大的Tiffany製彩繪玻璃時鐘。除此之外，在大都會藝術博物館（→P104）及The Roosevelt Hotel（別冊MAP●P23D2）等地，街上各個角落都裝飾著Tiffany的作品也是紐約的特色之一。

海克力士等三大神的雕刻圍繞在時鐘的周圍

小小資訊　可以幫忙修改尺寸或修理的顧客服務樓層就位在Tiffany總店的6F。即使是在台灣購買的商品，只要是Tiffany的產品，都提供清潔的服務。

and more…

知名品牌的總店＆旗艦店

多到一天內逛不完的紐約總店＆旗艦店。以下整理出品項琳瑯滿目、最新產品一應俱全，魅力十足的店家。

Calvin Klein　別冊MAP●P25C1

Ralph Lauren　別冊MAP●P13C3

DKNY　別冊MAP●P25D1

Cole Haan　別冊MAP●P18A2

Kate Spade　別冊MAP●P13C3

1

2

3

4

5

1. 也可以背在肩上的皮包＄495～　2. 很實用的托特包＄258～　3. 櫥窗展示每個月都會更換成最新的作品　4. 一直到大樓的2F部分都是Coach總店　5. 傳統雙色的波士頓包＄358～

中城　別冊MAP P25D2

Coach

總店才有的多樣化商品陣容

在國內也有很多愛用者的美國皮革製品名牌。包含印有Coach商標「C」的經典花押字商品在內，復刻自70年代設計風格的Coach經典系列等女裝、男裝的品項也很齊全。從休閒服飾到正式場合都十分好穿搭的產品線，受到各個年齡層的支持。

DATA

㊋ⓂN·Q·R線5 AV/59 ST站步行6分
㊟595 Madison Ave.(at E.57 St.)☎(1-212)754-0041　㊐10～21時(週六～20時、週日～19時)
㊡無休

也深受名媛貴婦喜愛的Coach

紐約的名媛貴婦及時尚模特兒也都很喜愛Coach的商品。最近，普普風格、充滿玩心的設計愈來愈多，新的Coach忠實顧客也隨之增加。不妨也留意一下配合最新潮流的時尚造型穿搭！

1

2

1. 拿著經典都會包的米蘭達·可兒　2. 伊娃·薩戈莉亞使用的傳統肩背、斜背兩用包

蘇活區 別冊MAP P18B2

rag & bone

名媛也喜愛的舒適好穿服飾

由兩位出身自英國的設計師聯手打造的美國品牌。以牛仔褲為主，舒適好穿的經典款式一應俱全，也有很多愛用者是好萊塢的名流貴婦。在蘇活店裡，同時推出具有高度設計感的女裝和男裝。

DATA
㊋ⓂN·R線PRINCE ST站步行2分 ㊟119 Mercer St.（bet. Prince & Spring Sts.） ☎(1-212)219-2204 ㊕11～20時（週日12～19時） ㊡無休

1.簡約中瀰漫著奢華感的店內 2.從創業當時就非常講究，將牛仔布和皮革縫在一起的牛仔外套＄275～ 3.從手拿包到很實用的大型托特包，包包的品項非常豐富。＄395～ 4.標記是五顏六色的NYC藝術字

上東區 別冊MAP P13C3

Tory Burch

因平底鞋引發話題的名店

由於是電視影集『花邊教主』（→P22）的服裝贊助商，一舉成為話題的名店。在以設計師的豪宅為設計概念的店內，除了有熱賣的平底鞋以外，還有限定款、特別款的皮包、服飾，種類琳瑯滿目。

DATA
㊋Ⓜ6線68 ST HUNTER COLLEGE站步行3分 ㊟797 Madison Ave.(bet. E.67 & E.68 Sts.) ☎(1-212)510-8371 ㊕10～19時(週四～20時，週日11～18時) ㊡無休

1.店內各個樓層皆以主題色統一 2.麥迪遜大道的旗艦店號稱是為數眾多的店面中面積最大的，也曾經用於『花邊教主』的取景
3~5.切勿錯過熱賣的包包及經典的平底鞋。也別忘了最新作品和國內未引進的款式（照片為參考商品）

小小知識 3.1 Phillip Lim及Marc Jacobs等誕生於紐約的品牌，會在春夏（2月上旬）和秋冬（9月上旬）的「紐約時裝週」發表最新作品。時裝週上發表的商品會最先陳列在總店&旗艦店裡。

Marc Jacobs

蘇活區 別冊MAP P18B2

匯集了備受矚目的第一線產品

蘇活店在紐約為數眾多的店舖中是以販賣第一線的商品為主。該店的重點是剛發表的最新商品，可以欣賞滿懷玩心的設計。從衣服到熱賣的皮包、首飾，品項齊全。

DATA 交Ⓜ️B·D·F·M線BROADWAY-LAFA YETTE ST站步行2分 住163 Mercer St.(bet. Prince & Houston Sts.) ☎(1-212)343-1490 時11～19時(週日12～18時) 休無休

1.切勿錯過充滿紐約出身的設計師風格，引領紐約時尚潮流的最新作品　2.正對著梅瑟街的入口。Bookmarc（→P97）、美妝產品線主要在布里克街（別冊MAP●P17A1）上

也別忘了美妝產品線！

美妝品推出唇、眼、臉、指甲等4個類別。指甲油＄18～。

Marc Jacobs Beauty

DATA 交Ⓜ️1線CHRISTOPHER ST-SHERIDAN SQ.站步行7分 住385 Bleecker St.(at Perry St.) ☎(1-212)924-6126 時11～19時(週四、五、六～20時，週日12～18時) 休無休 別冊MAP●P17A1

Derek Lam 10 Crosby

蘇活區 別冊MAP P18B2

優質的家居服很受歡迎

世界矚目的亞裔設計師Derek Lam的作品。高級的材質與美麗又簡單大方的剪裁非常受歡迎。以穿起來很舒服，可以自在做自己為設計概念。還附設副牌「10 Crosby Derek Lam」。

DATA 交Ⓜ️N·R線PRINCE ST站步行3分 住115 Mercer St.(bet. Prince & Spring Sts.) ☎(1-646)747-4647 時11～19時(週日12～18時) 休無休

2014年11月搬到克羅斯比街上。是Derek Lam 10 Crosby的第一家旗艦店

3.1 Phillip Lim

東村 別冊MAP P7C1

備有多款充滿女人味的套裝

受到廣大女性熱烈支持的亞裔設計師Phillip Lim的第一家旗艦店。簡約中又不失可愛元素的設計風格很容易搭配，平常就可以穿。內襯使用了絲等材質，也讓人感受到其對質料的堅持。

DATA 交Ⓜ️6線BLEECKER ST站步行5分 住48 Great Jones St.(bet. Lafayette St. & Cooper Sq.) ☎(1-646)780-1640 時11～19時(週日12～18時) 休無休

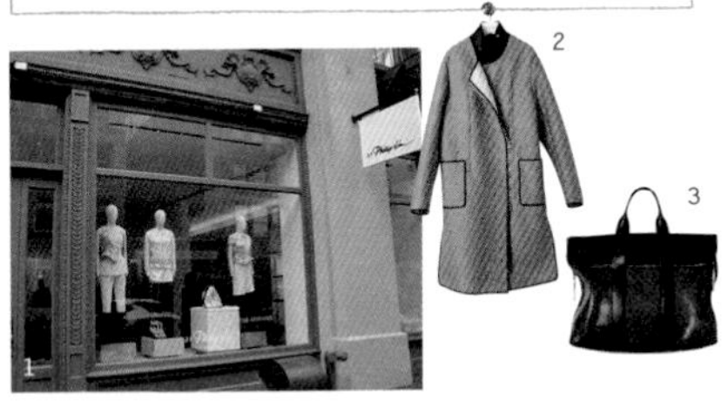

1.除了有女裝，也販賣男裝、童裝　2.皮大衣$1095～　3.31 hour BAG系列的黑色多功能皮包＄750

散發老闆品味的店家齊聚一堂

時尚圈人士常去的複合精品店&二手服飾店

備齊最新流行元素的複合精品店，以及販售往昔美好年代的懷舊單品反而增添新鮮感的二手服飾店，每一家都充滿個性化的商品。

Steven Alan

慵懶的風格大受紐約客好評

1994年開幕，專營新銳設計師作品的複合精品店。之後，Steven Alan也開始設計自家商店的原創商品，推出男裝、女裝的完整產品線。雖然採崇尚休閒的風格，也會以優雅呈現出成熟時尚品味。

DATA ⓧⓂ1線FRANKLIN ST站步行2分 ㊟103 Franklin St.(at Church St.) ☎(1-212)343-0692 ㊕11時30分～19時(週四～20時，週日12～18時) ㊡無休

1.陳列著對材質很講究，剪裁大方的衣服 2.自創品牌的新古典襯衫洋裝＄215 3.自創品牌的女用襯衫＄198～ 4.Filson的托特包＄90～

Otte

也有原創產品線的高品味商店

從二手服飾到最新的衣服、飾品等一應俱全的都會風商店，目前在紐約設有5家店面。也販售在日本很受歡迎的津森千里、以紐約為活動據點的蕾貝嘉．泰勒的原創服飾等。除了會搶先採用備受期待的新銳設計師這點引發衆人關注外，獨家的成衣和飾品類商品也很受歡迎。

DATA ⓧⓂ1線FRANKLIN ST站步行2分 ㊟37 N.Moore St.(bet. Varick & Hudson Sts.) ☎(1-212)431-8501 ㊕11～19時(週日12～18時) ㊡無休

1.當季的設計師商品一應俱全 2.KENZO的圓點&商標模樣的襯衫＄370 3.ACNE的黑色皮外套＄1750 4.Meli Melo的手提包＄813

如果要逛紐約的二手服飾店，建議前往位於下城東側的東村（別冊MAP●P3C3）。這裡是很有名的二手服飾街，個性十足。

也提供服裝給『慾望城市』的再製商店

西村　別冊 MAP P17A1

Geminola

販售以1950年以前製成的陳舊布料縫製而成的再製品。皆為純手工製作的獨一無二商品。在電視版『慾望城市』(→P23)最後一集中，凱莉穿的禮服也是在該店製作的。

DATA　㊋Ⓜ1·2·3線14 ST站步行6分　㊟41 Perry St.(bet. Waverly Pl. & W.4 St.)　☎(1-212)675-1994　㊎12～19時(週四～六為～20時，週日～18時)　㊡無休

1.店外面也陳列著商品　2.禮服為＄325～，上衣、裙子為＄195～，貨色齊全

蘇活區　別冊 MAP P18A3

What Goes Around Comes Around

專業的採購也會造訪的二手衣寶庫

從高級名牌的珠寶到二手衣、牛仔褲等等，二手商品的種類琳瑯滿目，應有盡有。從Hermès、Saint Laurent、Emilio Pucci等當家商品到傳家寶等級的牛仔褲等，陳列著會令收藏家垂涎三尺的商品，就連別家店的採購也會來進貨。除此之外，也有多款也會在百貨公司上架的獨家商品。

DATA　㊋ⓂC·E線SPRING ST站步行6分　㊟351 W.Broadway (bet. Broome & Grand Sts.)　☎(1-212)343-1225　㊎11～20時(週日～19時)　㊡無休

1.陳列著從世界各地收集回來，精挑細選的二手衣　2.包含Hermès在內，絲巾的種類琳瑯滿目　3.Chanel的二手皮包＄3750
4.Valentino的洋裝＄550

別冊 MAP P7D1

Duo

感情融洽的姊妹精選的講究商品

出身明尼蘇達州的姊妹在2008年開的店，用磚頭打造的暖爐、骨董的照明器具、陳舊的木製地板等，蘊釀出復古的感覺。牛津鞋和銅製手鐲等，販賣的商品種類繁多。另外，店內也陳列著以布魯克林、東村為據點，才華洋溢的當地設計師所寄賣的商品。

DATA　㊋Ⓜ6線ASTOR PL站步行8分　㊟333 E.9 St.(bet.1 & 2 Ave.)　☎(1-212)777-7044　㊎13時～20時30分　㊡無休

1.也有原創品牌等的精品　2.小配件的品項也很豐富　3.絲質的二手毛衣＄125　4.來自布魯克林的品牌Dusen Dusen的太陽眼鏡＄180　5.咖啡色的綁帶皮鞋＄125

那種一流名牌只要這個價錢？！

折扣多多的價格 令人眉開眼笑的折扣店

走一趟折扣店，從高級名牌到休閒品牌的商品，都可以用經濟實惠的價格購得。以下主要介紹位於曼哈頓市區，交通方便的店家。

1. 也別忘了去上西區店（別冊MAP●P12A3）看看 2. Kate Spade的連身洋裝＄179.99 3. 手拿包＄99.99

別冊 MAP P4B2

Century 21

也販賣紐約伴手禮的折扣店

以紐約州為中心，拓展9家店面，以包羅萬象的商品種類為傲。從最低打到2.5折的名牌商品到最適合作為紐約伴手禮的雜貨，無所不包。平日從一早就開門這點也很貼心。

DATA

交ⓂN·R線CORTLANDT ST站下車即到 住22 Cortlandt St.(bet. Church St. & Broadway) ☎(1-212)227-9092 時7時45分～21時(週四、五～21時30分，週六10時～，週日11～20時) 休無休

1. 座落在離車站很近的絕佳地點上 2. Latique的肩背包＄39.97 3. Kate Spade的包鞋＄89.97

別冊 MAP P21B4

Nordstrom Rack

以驚人的價格販賣知名品牌

為美國的大型高級百貨公司Nordstrom的暢貨中心。寬敞的店內擺滿了商品，每件都是暢銷的一流名牌貨。鐘錶及化妝品等皆以驚人的划算價格販賣。尤其是鞋子的品項十分齊全，如果找到自己的尺寸，建議馬上買下。

DATA

交Ⓜ4·5·6·L·N·Q·R線14 ST-UNION SQ站下車即到 住60 E.14 St.(near Union Sq.) ☎(1-212)220-2080 時10～22時(週日11～20時) 休無休

週末的折扣店會湧入大批人潮，所以建議在平日早一點的時段前往。
※各商店提供的品牌會有變動。

前往郊外的暢貨中心

紐約郊外 別冊MAP P2A1

Woodbury Common Premium Outlets

地點在距離曼哈頓開車約70分鐘的暢貨中心。包含歐美的高級名牌等，總共約有220家店進駐，可以用定價打75折到35折的價格，買到自己想要的商品。不妨參加附有划算的折扣券又方便的自選行程前往暢貨中心（→P131）。

從中城的港務局巴士總站搭灰線的直達巴士約70分鐘

DATA ㊟498 Red Apple Court Central Valley ☎(1-845)928-4000 ㊋10～21時 ㊡無休

BRAND LIST
Calvin Klein、Cynthia Rowley、Max Studio、BCBG、NIKE等

1.白色建築物上的藍色商標很醒目 2.Ralph Lauren的夏季棉質線衫＄39 3.Isaac Mizrahi的黑色包鞋＄49.99

Marshalls

種類琳瑯滿目的品項很吸引人

從流行服飾到廚房用品，商品種類琳瑯滿目的折扣店。也有很多打對折的商品，熱門的名牌商品皆以跳樓大拍賣的形式販賣。可以找到在其他地方找不到的商品，最適合來這裡挖寶。

DATA
㊋Ⓜ6線116 ST站下車即到 ㊟517 E. 117 St.(bet. Pleasant Ave. & E.118 St.) ☎(1-917)492-2892 ㊋9時30分～21時30分（週日11～20時） ㊡無休

BRAND LIST
Marc Jacobs、Tory Burch、Polo Ralph Lauren、alice + Olivia、Tommy Hilfiger、Pierre Cardin等

1.中城東區的店面是在曼哈頓的第3家店 2.Violet & Claire針織衫＄19.99 3.Max Studio的裙子＄24.99

T.J. Maxx

先搶先贏！豐富品項大集合

在全美開了1000家店的大型連鎖店。以流行服飾為主，再加上日常用品、運動用品等，商品項目十分多樣化。有很多來自百貨公司或原廠的單件商品也很吸引人，有些人還會因為太便宜而不小心買太多了。

DATA
㊋Ⓜ4·5·6·N·Q·R線LEXINGTON AV/59 ST站步行10分 ㊟407 E.59 St.(at 1 Ave.) ☎(1-212)486-2142 ㊋9～21時（週日10～20時） ㊡無休

紐約走在流行最前端的地區

在肉品包裝區 檢視最新潮的單品

過去曾是肉品加工廠聚集區的肉品包裝區（PMD），因為都市更新，陸續開了許多走在流行最前端的商店，逐漸轉變成紐約的流行發源地。

流行服飾　別冊MAP P20A4

Owen

店內走藝廊的風格

該精品店內羅列紐約和倫敦的新進設計師親手設計的作品。擺滿紙袋的整面牆壁等，營造出藝廊般的氛圍。古典高雅的連身洋裝，以及首飾等，總是提供顧客充滿流行元素的高品味商品陣容。

DATA
交ⓂL線8 AV站步行7分
住809 Washington St.(bet. Gansevoort & Horatio Sts.)　☎(1-212)524-9770
時11～19時(週日12～18時)
休無休

1.設計師連身洋裝＄375～　2.設計師上衣＄180～　3.女裝的牌子很齊全　4.牆壁上塞滿了25000個紙袋

1.在自然光線輕輕灑落的圓形沙發上試穿2.趾尖部分鑲嵌著珍珠的包鞋＄995　3.女性化的造型非常吸引人的踝靴＄895　4.容易穿搭的條紋包鞋＄695

鞋　別冊MAP P20A4

Nicholas Kirkwood

來自倫敦的設計師鞋款

誕生於倫敦的鞋子品牌Nicholas Kirkwood在紐約開的第一家路面店。位在於2015年5月開幕的惠特尼藝術館對面，鞋子展示在以白色為基調的店內，就像藝術品一樣。與其他設計師合作的商品也很引人注目。

DATA
交ⓂL線8 AV站步行7分
住807 Washington St.(bet. Gansevoort & Horatio Sts.)　☎(1-646)559-5239
時11～19時(週日12～17時)
休無休

小小資訊　吸引世人熱切目光的MPD，炒熱該區知名度的是法式餐館「Pastis」（別冊MAP●P20B4），是曾出現在影集『慾望城市』、電影『穿著PRADA的惡魔』等的元老級名人御用店家。

街頭漫步POINT

MPD的商店多半是在下午才開始營業，因此建議上午先去高線公園（→P28）散步，或是前往雀兒喜市場（→P34）吃吃逛逛，下午再開始享受購物樂趣。

Check！ 風格獨特的美國風雜貨大集合

雜貨 別冊MAP P20B4

House of Cards & Curiosities

擺滿可愛造型人物的賀卡、季節性裝飾品等琳瑯滿目商品商品的雜貨店。

DATA 交M L線8 AV／A·C·E線14 ST站步行5分 住23 8 Ave. (bet. W.12 & Jane Sts.) ☎(1-212)675-6178 時9～22時(週六10時～，週日～19時) 休無休

1.撲克牌＄25 2.骷髏頭玩偶＄44

雜貨等 別冊MAP P20A2

STORY

新型態的概念店

以編輯雜誌般的風格，每1～2個月決定1次主題，依該主題販售商品，是一家非常特別的概念精品店。店面的陳列仿照雜誌封面編排，也相當新鮮。每次造訪該店，裝潢和商品都會變換，吸引人再三前往。

DATA
交M L線8 AV站步行7分
住144 10 Ave.(at 19 St.)
☎(1-212)242-4853 時11～20時
休無休※店面更換主題的前後約1週不營業

1~4.服飾、美容保養品、雜貨、文具等等，陳列著種類琳瑯滿目的商品。每隔1～2個月就會變換主題，不過會有一部分的商品主題是固定的，例如紐約等

1.有很多價格合理的商品 2.Smith's Rosebud的護唇膏＄6 3.花紋很可愛，讓人每天都想使用的隔熱手套＄12 4.VOLUSPA - ELYSIAN GARDEN的蠟燭＄16

流行服飾等 別冊MAP P20B3

Anthropologie

撩撥少女心的商品

位在雀兒喜市場內的複合精品店。深受講求時尚的紐約客喜愛的知名店家，從融入流行元素的自然風格時尚單品，到飾品、雜貨等，網羅種類五花八門的商品陣容。尤其是以多樣化設計為賣點的餐具、圍裙，非常適合作為伴手禮。

DATA
交M L線8 AV站、A·C·E線14 ST站步行5分 住雀兒喜市場內(→P34) ☎(1-212)620-3116 時10～20時 (週四～六為～21時) 休無休

真想買來當成房間的室內擺設！

充滿美式風格的雜貨＆餐具

紐約身為流行的發源地，有很多店家販賣著既時尚又充滿質感的雜貨。
不妨試著找出適合用來裝飾房間的高品味商品。

1

2

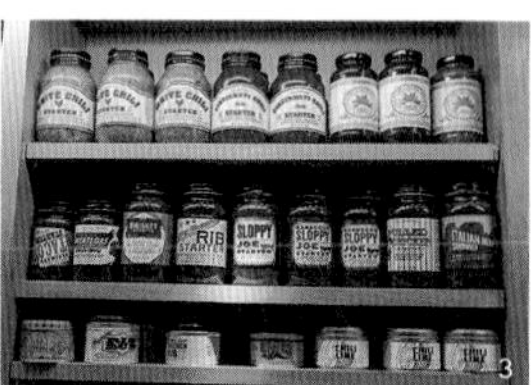

3

4

5

6

7

8

1.人的臉孔看起來很立體的花瓶＄295Ⓒ 2.普羅旺斯風的盤子大＄119.95、中＄99.95Ⓑ 3.辣椒醬等種類豐富的各種醬料各＄12.95～Ⓑ 4.蕾絲圖案的方形盤子大＄19.95、小＄12.95Ⓐ 5.讓人想要照著圖案把臉放上去的抱枕＄145Ⓒ 6.Raza系列的餐具組＄29.95～Ⓐ 7.橘色的盤子一組（4個）＄107.95～Ⓑ 8.花瓶＄24.95Ⓐ

●上東區

Crate & Barrel

別冊MAP●P25C2

在全美一共有160家分店的連鎖店。走極簡風格，非常方便好用的設計也獲得紐約客好評。小雜貨最適合作為伴手禮。

DATA

交Ⓜ N・Q・R線5 AV/59 ST站步行3分 住650 Madison Ave.(at E.59 St.) ☎(1-212)308-0011 時10～20時(週六～19時，週日12～18時) 休無休

●上西區

Williams Sonoma

別冊MAP●P24A2

高級廚房用品的專賣店。陳列著從自家公司的品牌中精挑細選，種類五花八門的廚房用品和食材。創業於1956年。

DATA

交Ⓜ1・A・B・C・D線59 ST-COLUMBUS CIRCLE站即到 住時代華納中心內(→P92) ☎(1-212)581-1146 時10～21時(週日11～19時) 休無休

●上東區

Jonathan Adler

別冊MAP●P13C1

由身兼陶藝家&室內設計師的阿德勒先生一手打造，源自紐約的家飾雜貨品牌。特色在於繽紛的用色和自由且新穎的設計風格。

DATA

交Ⓜ4・5・6線86 ST站步行6分 住1097 Madison Ave. (at 83 St.) ☎(1-212)787-0017 時10～19時(週日12～18時) 休無休

小小資訊 也很推薦Crate & Barrel的副牌「CB2」（別冊MAP●P18B4）。鎖定年輕人的世代，提供價格經濟實惠的餐具和家飾雜貨。

骨董愛好者請往車庫走

蘇活區 別冊MAP P9C2

Antiques Garage

位於紐約市中心，乍看之下是座普通的車庫，只有在週六、日會變身成骨董雜貨的寶庫。分別在地上和地下的2個樓層展開，從家飾雜貨到餐具、玩具等應有盡有。

DATA
交ⓂF·M線23 ST站步行3分 住112 W.25 St.(bet. 6 & 7 Ave.) 時9～17時 休週一～五

1.吊在鐵捲門上的招牌很顯眼 2.在寬敞的腹地裡進駐了各式各樣的店

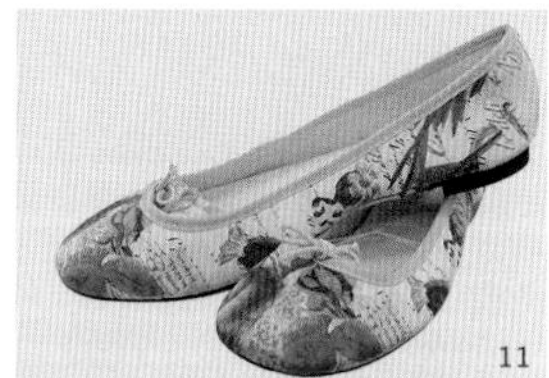

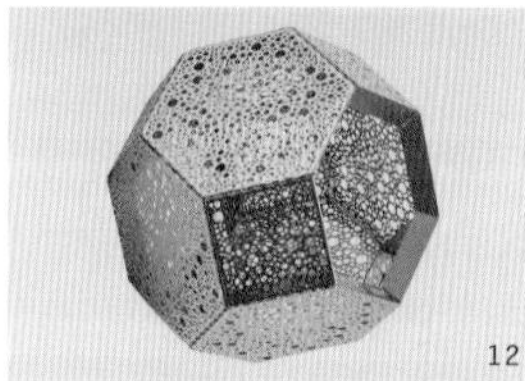

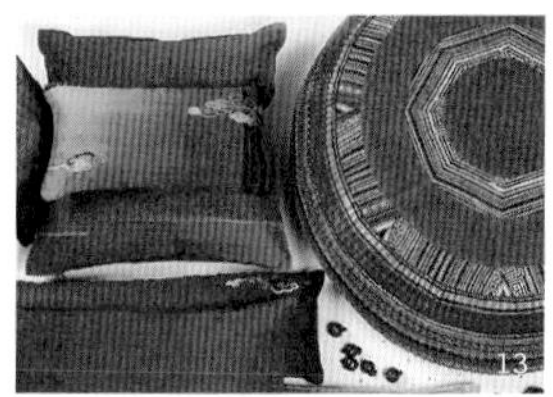

9.由當地藝術家製作的動物擺飾＄35Ⓔ 10.蝶古巴特的紙鎮＄45Ⓔ 11.與「Repetto」合作的鞋子＄295Ⓔ 12.金屬製的現代風燭台＄85Ⓓ 13.右幻彩枕＄595、左絲綢枕＄175～Ⓓ 14.蝶古巴特的插座罩＄92Ⓔ 15.星星圖案的餐巾紙＄5Ⓕ 16.特大號的湯杯＄14.95Ⓕ

D ●聯合廣場

ABC Carpet & Home

別冊MAP●P21A3

從地下1F到6F都是家飾雜貨的專賣店。有從世界各國收集回來的骨董家具和裝飾品、珠寶等，種類五花八門。

DATA
交Ⓜ4·5·6·L·N·Q·R線14 ST UNION SQ站步行5分 住888 Broadway(bet. E.18 & E.19 Sts.) ☎(1-212)473-3000 時10～19時(週四～20時，週日11時～18時30分) 休無休

E ●東村

John Derian

別冊MAP●P19C1

由活躍於紐約的藝術家參與設計的家飾用品店。所有的商品皆為手工製作。盤子和紙鎮等特別搶手。

DATA
交ⓂF線2 AV站步行5分 住6 E.2 St.(bet. Bowery & 2 Ave.) ☎(1-212)677-3917 時12～19時 休週一

F ●蘇活區

Sur La Table

別冊MAP●P18B2

網羅數百種方便小道具的廚房用品店。調味料、食譜等，五花八門的商品琳瑯滿目。切勿錯過會隨著季節推出的雜貨。

DATA
交Ⓜ6線SPRING ST站步行1分 住75 Spring St.(at Crosby St.) ☎(1-212)966-3375 時10～21時(週日11～19時) 休無休

把紐約的特色商品帶回家！

流行又可愛的紐約伴手禮看過來

提到紐約的象徵，就會想到自由女神、黃色計程車、帝國大廈……。
買些個性十足又可愛的伴手禮回去，收到的人肯定會很高興！

1.穿著睡衣的艾蒙玩偶＄23.99Ⓐ　2.以馬賽克方式加入了紐約字樣的杯子＄14.95Ⓒ　3.紐約天際線系列的鹽&胡椒罐＄14.95Ⓒ　4.樂高積木建築系列的帝國大廈＄24.99Ⓐ　5.看起來很像地鐵票卡的手機殼＄20Ⓑ　6.以地鐵的指標為設計主題的行李吊牌＄8Ⓑ　7.路線標示造型的滑鼠墊各＄12Ⓑ　8.自由女神版的芭比娃娃＄39.99Ⓐ

●中城

FAO Schwarz

別冊MAP●P25C2

曼哈頓數一數二的大型玩具店。熱鬧非凡的店內除了有在電影『飛進未來』中，大家很熟悉的巨大鋼琴以外，還陳列許多體驗型的玩具。也有限量商品，所以切勿錯過。

DATA

㊋Ⓜ N・Q・R線5AV/59 ST站步行3分　㊟767 5 Ave.(bet. E.58 & E.59 Sts.)　☎(1-212)644-9400　㊍10～20時(週五、六～21時)　㊡無休

●中城

NY Transit Museum Galley & Store

別冊MAP●P23D2

該店位於展示紐約的地鐵及市巴士資料的博物館一隅。也有販賣期間限定的博物館展示品模型等商品。

DATA

㊋Ⓜ4・5・6・7・S線GRAND CENTRAL站內　㊟89 E. 42 St.(at Grand Central Terminal)　☎(1-212)878-0106　㊍8～20時(週六、日10～18時)　㊡無休

●聯合廣場

Fishs Eddy

別冊MAP●P21A3

主要販賣與當地的設計師合作的原創設計餐具的雜貨店。有很多簡單大方的設計風格，其中又以設計成紐約街道的系列最暢銷。

DATA

㊋Ⓜ4・5・6・L・N・Q・R線14 ST-UNION SQ站步行6分　㊟889 Broadway (at E.19 St.)　☎(1-212)420-9020　㊍9～21時(週五、六～22時，週日10～20時)　㊡無休

在紐約，可以將1便士（1美分的硬幣）壓成紀念幣。觀光名勝的各個角落都有這種壓製的機器，費用只需50美分起，所以很適合留念、送人。

Check！ I♡New York 的周邊商品在這裡

中城 別冊MAP P22B2

Grand Slam

一網打盡常見的紐約伴手禮

主要販賣美國運動用品的商店。印上了台灣人也非常熟悉的I♡NY商標的雜貨也很豐富。

DATA 交ⓂN·Q·R線49 ST站步行4分 住1557 Broadway.(bet. W.46 & W.47 Sts.) ☎(1-866)398-6388 時9～23時(週四、五～23時30分，週六～24時，週日10時～) 休無休

1.內有自由女神的雪景球＄5　2.價格低廉的紐約伴手禮琳瑯滿目

文具

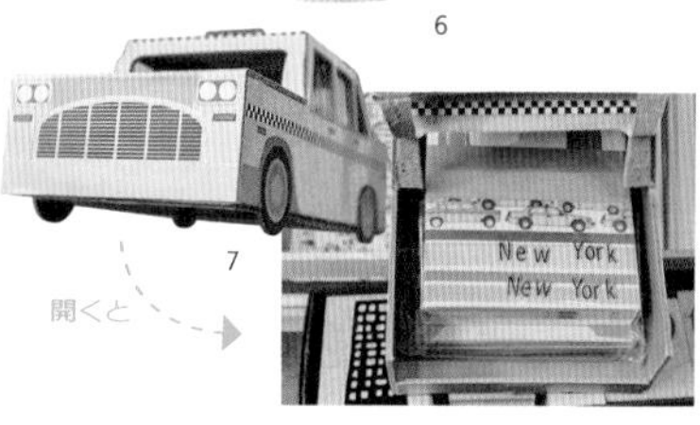

開くと

1.封面是紐約時報的筆記本小＄10、大＄12.50Ⓕ　2.將紐約的象徵齊聚一堂的貼紙＄5.95Ⓔ　3.上頭貼著舊郵票的自製明信片套組＄25Ⓕ　4.描繪著帝國大廈剪影的卡片＄4.75Ⓓ　5.上頭寫著「來自紐約的問候」的賀卡＄3Ⓓ　6.帝國大廈和黃色計程車的印章組＄14Ⓔ　7.裝在黃色計程車盒子裡的整組卡片＄27.50Ⓕ

D ●格林威治村

Greenwich Letterpress

別冊MAP●P17B1

卡片和信紙等紙類產品相當豐富的卡片店。可愛的店內洋溢著復古的氛圍，所有商品都是店家原創。有許多富含意趣的設計商品。

DATA

交Ⓜ1線CHRISTOPHER ST-SHERIDAN SQ站步行2分 住39 Christopher St.(bet. Waverly Pl. & 7 Ave.) ☎(1-212)989-7464 時11～19時(週六～一為12～18時) 休無休

E ●聯合廣場

The Ink Pad

別冊MAP●P9C4

一整面牆壁上密密麻麻地擺滿印章的專賣店。從可配合季節及活動，如生日或聖誕節使用的印章、到圖案充滿紐約風格的印章，種類多元，應有盡有。

DATA

交Ⓜ1·2·3線14 ST站步行2分 住37 7 Ave.(at W.13 St.) ☎(1-212)463-9876 時11～19時(週日12～18時) 休無休

F ●蘇活區

Kate's Paperie

別冊MAP●P18B3

卡片、包裝紙等一應俱全的文具店。紙類產品的種類也很多，只有紐約才有的圖案相當豐富。也有販售可以自己製作書套或筆記本的材料組。

DATA

交Ⓜ6線SPRING ST站步行5分 住188 La fayette St. ☎(1-212)941-9816 時10時30分～19時(週四～六為～20時) 休週日

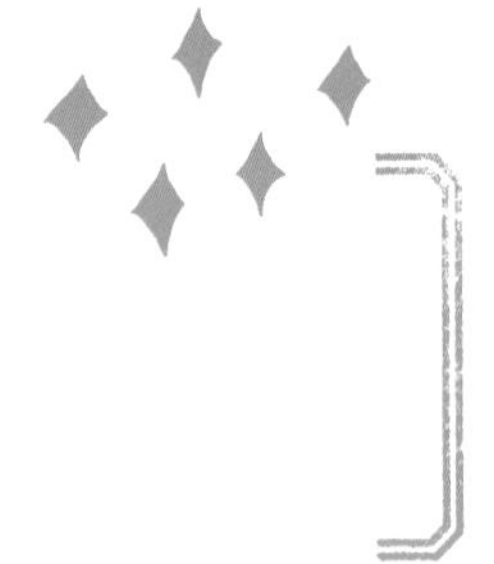

商品的選擇充滿特色

去紐約客們鍾愛的百貨公司大買特買

紐約的百貨公司給人一種高級的印象，但是每一家店的調性其實都不一樣。
只要能事先掌握住各百貨公司的特徵，就能有效率地享受購物樂趣。

Henri Bendel

化妝品樓層是一大重點

1895年創業的老字號百貨公司，創辦人邦岱爾最出名的就是他最先將香奈兒的設計帶到美國一事。化妝品樓層的充實程度也讓這家百貨公司的名氣居高不下。除了有由新銳設計師設計的高品味商品以外，以白色和咖啡色的條紋為商標的百貨公司原創商品也是很棒的伴手禮。

DATA
㊁ⓂE・M線5 AV/ 53 ST站步行3分
㊟712 5 Ave.(bet. W.55 & W.56 Sts.)
☎(1-212)247-1100 ㊐10～20時(週日12～19時) ㊡無休

1.獨家的托特包＄248～
2.原創的水餃包＄378～
3.以『花邊教主』為概念設計而成的珠寶盒＄148～（獨家商品的設計會隨著季節而異）
4.商品種類齊全的香水賣場 5.2、3、4F的窗戶是法國的設計師勒內・拉里克的作品

Saks Fifth Avenue

紐約客的御用百貨

占據第五大道中心地帶一整個街區的巨大百貨公司，洗鍊的商品陣容非常受歡迎，引進新品牌的速度也很快。鞋子賣場的面積號稱曼哈頓最大，商品陳列相當奢華。聖誕節的展示也很有名，前來觀賞的人潮甚至會在裝飾著自動人偶的櫥窗前大排長龍。

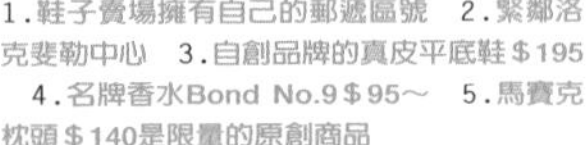

1.鞋子賣場擁有自己的郵遞區號 2.緊鄰洛克斐勒中心 3.自創品牌的真皮平底鞋＄195 4.名牌香水Bond No.9＄95～ 5.馬賽克枕頭＄140是限量的原創商品

DATA
㊁ⓂE・M線5 AV/ 53 ST站步行4分
㊟611 5 Ave.(bet. E.49 & E.50 Sts.)
☎(1-212)753-4000 ㊐10時～20時30分(週日11～19時) ㊡無休

紐約的折扣季為6月下旬到7月上旬，以及從11月的感恩節起為期1個月的時間。
知名品牌的旗艦店在年初也會開始打折，因此在這段期間造訪紐約的人千萬別錯過了。

這裡也要Check！

上東區 別冊MAP P25C1

Barneys New York

深受對流行很敏銳的紐約客支持的高感度品牌一應俱全。分成男仕館和女仕館。

DATA 交ⓂN·Q·R線5 AV/59 ST站步行3分 住660 Madison Ave.(bet. E.60 & E.61 Sts.) ☎(1-212)826-8900 時10～20時(週六～19時，週日11～19時) 休無休

中城 別冊MAP P25C2

Bergdorf Goodman

紐約首屈一指的超級老字號高級百貨公司。顧客全都是世界級的紳士名媛，氣氛非常豪華。

DATA 交ⓂN·Q·R線5 AV/ 59 ST站步行3分 住754 5 Ave. (bet. E.57 & E.58 Sts.) ☎(1-212)753-7300 時10～20時(週日11～18時) 休無休

中城 別冊MAP P10B4

Macy's

當地人喜愛的平價百貨公司

在全美拓展400多家分店，擁有創業100年以上歷史的老牌百貨公司。和其他百貨公司相較價格更為實惠，除了在地人以外，也很受各地觀光客青睞。來自國外的顧客持遊客折扣卡還享有9折優惠（→P9）。

DATA

交ⓂB·D·F·M·N·Q·R線34 ST-HERALD SQ站步行2分 住151 W.34 St. (bet. Broadway & 7 Ave.) ☎(1-212)695-4400 時10時～21時30分(週日11時～20時30分) 休無休

1.經過大規模的整修，各個樓層皆煥然一新 2.Macy's總店的外觀呈現懷舊的風格 3.4.也販賣Macy's與American Rag合作的商品。(上)項鍊＄28、(下)靴子＄69～

中城 別冊MAP P25D2

Bloomingdale's

有眾多高級品的老字號

以「Bloomie's」的暱稱為人所熟知，創業於1872年的老字號百貨公司。1、2F匯集許多高級名牌。除了服飾以外，從室內擺設用品到食品，應有盡有。此外也有咖啡餐廳，可以自在地享用明星主廚大衛．柏克的手藝。

1.化妝品樓層以繁多的品項為人所熟知 2.世界各國的國旗高掛在大門口，相當醒目 3.提帶是用皮革製成的原創迷你托特包＄24 4.各種獨家的化妝包＄10～

DATA

交Ⓜ4·5·6·N·Q·R線LEXINGTON AV/59 ST站步行1分 住1000 3 Ave.(bet. E.59 & E.60 Sts.) ☎(1-212)705-2000 時10～22時(週二、三為～20時30分，週六、日11～21時) 休無休

使用源自天然的配方

用天然系保養品成為自然美人

切莫錯過能夠給予疲憊的肌膚滋潤的保養品！
其中又以獲得紐約女孩壓倒性支持的天然系保養品店為採購重點。

A

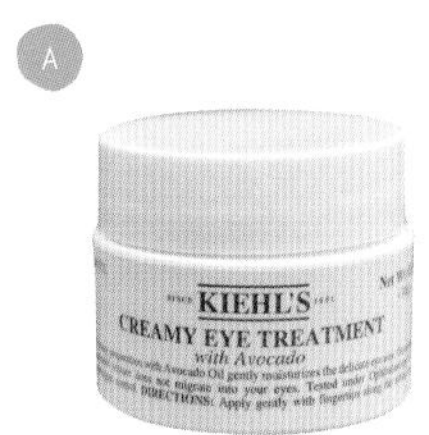

以酪梨與乳油木果油調配而成，充滿保濕成分的眼霜＄28.50

A

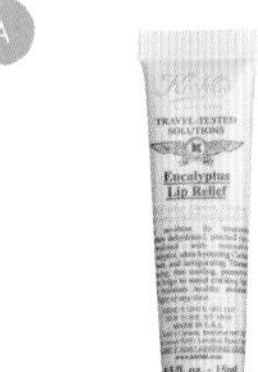

尤加利的清爽香氣非常受歡迎的護唇膏＄8是伴手禮的經典

A

乳油木果油和荷荷巴油配方的身體護膚油＄48

B

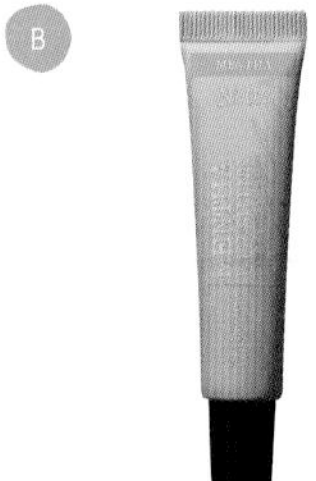

添加清爽歐薄荷精油的薄荷潤唇膏＄7.50

B

利用薰衣草的香味來達到放鬆效果的沐浴乳＄12

B

加入了100%天然薄荷的護唇膏＄7.50。也具有預防口臭的效果

A 別冊MAP P21B4

●東村

Kiehl's

從藥房誕生的名牌美妝品

1851年開業，原本是一家調劑藥局。奠基於藥學的知識，堅持採用天然成分的保養品深受紐約客支持，在國內也掀起話題。還有男士用及寵物用等，售有200種以上的護膚產品。

DATA ⓧⓂL線3 AV站步行1分 ㊟109 3 Ave.(bet. E.13 & E.14 Sts.) ☎(1-212)677-3171 ⓑ10～20時(週日11～18時) ㊡無休

B 別冊MAP P17B1

●格林威治村

C.O. Bigelow

別錯過獨家護膚商品

1838年開張的調劑藥局，現為老字號的護膚產品專賣店。以綠茶、水果等天然成份調配的獨家商品非常豐富，護唇膏和護手霜等保濕護膚商品非常暢銷。有許多名人也是愛用者。

DATA ⓧⓂA·B·C·D·E·F·M線W 4 ST/WASH SQ站步行3分 ㊟414 6 Ave.(bet. W.8 & W.9 Sts.) ☎(1-212)533-2700 ⓑ7時30分～21時(週六8時30分～19時，週日8時30分～17時30分) ㊡無休

小小資訊 誕生自紐約的化妝品＆保養品牌還有「Carol's Daughter」（在販賣美容產品的Ricky's NYC等店均有販售）及「Bliss」別冊MAP●P25C2等等。

Check！

由少女開發的美妝品「Willa」

以住在紐約的少女當年8歲時的靈感為基礎製作而成的保養品，配方採用對肌膚很溫和的天然成分。小黃瓜面膜和蜂蜜潤唇膏等品項，全部都是兒童也能放心使用的商品。小女孩的臉蛋插圖是該品牌商標，主要在高級百貨公司販售。

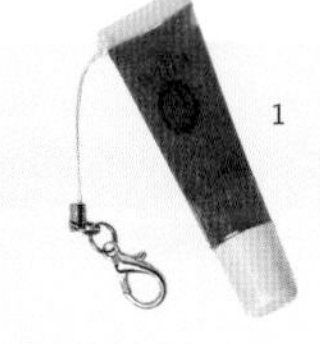

1.會散發出柑橘香味的唇蜜＄9.50
2.拋棄式面膜＄4

銷售據點SHOP
●Henri Bendel→P52
●Lester's on New York
別冊MAP●P13D1

可將融解的油脂塗抹在身體上使用的大豆蠟燭＄10

水仙香味的心型香氛袋＄6。很適合作為伴手禮的大小

貨架上常備20種以上秤重販賣的香皂，1盎司大約是＄1.40

石榴臉部精華油＄30，石榴精油讓肌膚恢復彈性

波本香草&甜橘造型霜（髮蠟）＄21

蜂蜜&扶桑花系列的洗髮精和潤髮乳＄26～及髮精華＄16

C 別冊MAP P20B3 ●肉品包裝區

Soapology

可以客製自己喜歡的香味

主要販賣有機、香氛商品的店。絕大部分的產品都是純手工製作，可以將購買的商品調配成喜歡的香味的客製化賣場大受好評。特別推薦也可以當成護手精油使用的有機大豆蠟燭。

DATA ㊋ⓂA·C·E線14 ST站步行1分 ㊟67 8 Ave.（bet. W.13 & W.14 Sts.） ☎(1-212)255-7627 ㊐10～22時 ㊡無休

D 別冊MAP P18A3 ●蘇活區

John Masters Organics

由造型師開發的護髮產品

排除合成化學物質，提供純天然的護髮產品的熱門品牌。在國內也有很多忠實顧客，利用有機的香草、水果等調配而成的身體、臉部保養用品也一應俱全。店裡還附設有美髮沙龍。

DATA ㊋ⓂC·E線SPRING ST站步行5分 ㊟77 Sullivan St.（bet. Spring & Broome Sts.） ☎(1-212)343-9590 ㊐11～18時 ㊡無休

自有品牌非常齊全

食材店＆超級市場 尋找伴手禮的好去處

從價格經濟實惠的食品到雜貨，食材店＆超級市場充滿適合作為伴手禮的商品。
尤其是國內未進口的自有品牌，肯定會讓收到的人很高興！？

蘇活區 別冊MAP P18B2

Dean & DeLuca

與食物有關的商品一應俱全的高級食材店

也曾進軍台灣的高級食材店的總店。除了有從世界各地精挑細選的食材，廚房用品及食譜等與食物有關的商品也一應俱全。尤其是裝在小罐子裡的糖果＄4.50～，有很多人都會買來當禮物。

DATA ㊋ⓂN・R線PRINCE ST站即到
㊟560 Broadway(at Prince St.) ☎(1-212)226-6800
㊕7～20時(週六、日8時～) ㊡無休

1.各式各樣的廚房用品 2.店內也提供小菜和飲料，可以當成熟食店。蘇活店還有內用空間 3.陳列著色彩鮮艷的蔬菜

紐約限定！獨家商品

1.印有店家商標的馬克杯（小）＄7.50 2.用帆布製成，很耐用的獨家托特包＄58

＼這個賣場很厲害！／

將自紐約多家名店中挑選出的蛋糕精心陳列在蛋糕櫃中。繽紛的蛋糕和糕點，光用看的就很開心。

1.有很多回籠客的小菜賣場總是人山人海 2.自行研發的食材從調味料到果醬、有機堅果應有盡有 3.多達數百種的起司堆積如山

上西區 別冊MAP P12A1

Zabar's

販售美味熟食的老字號高級超市

1934年創業，從小小的熟食店起家的老字號高級超級市場，被譽為「美味熟食店的始祖」。1F是熟食區，以及自有品牌的餅乾糖果和咖啡豆等，2F則陳列美式風格的廚房用品。

DATA ㊋Ⓜ1線79 ST站步行1分 ㊟2245 Broadway(at W. 80 St.) ☎(1-212)787-2000 ㊕8時～19時30分(週六～20時，週日9～18時)※2F為9時～ ㊡無休

＼這個賣場很厲害！／

對紐約客的飲食生活非常重要的熟食區。亞洲美食也一應俱全。從創業當時就有的招牌菜煙燻鮭魚一定要嘗嘗看！

種類齊全的廚房用品

1.上頭印有商標的馬克杯＄3.98 2.橘色的隔熱手套＄5.98，橘色是這家店的代表色

小小知識 超級市場的收銀台是輸送帶式的櫃台，只要把商品放上去，就會一路運送到結帳人員的前面。另外，有些地方還會分成現金和刷卡用的收銀台，請多加留意。

Check 環保購物袋

Dean & Deluca $24

Zabar's $5.98

Whole Foods Market $1.29

Trader Joe's ¢99

下東區 別冊 MAP P19C1

Whole Foods Market

提供考量地球環境與身體的商品

主要經手對地球環境與身體都很好的優質商品，例如天然的食品及有機產品等，是一家大型超級市場的連鎖店。也別錯過品項十分豐富的化妝品賣場「Whole Body」，護膚產品多到令人眼花繚亂。

DATA 交ⓂF線2 AV站步行2分 住95 E. Houston St.(at Bowery) ☎(1-212)420-1320 時8～23時 休無休

1.優質的乳製品全都是以很便宜的價格販售　2.選好喜歡的咖啡豆回去自己磨的咖啡豆賣場　3.擺放得很整齊的蔬菜幾乎都是有機蔬菜

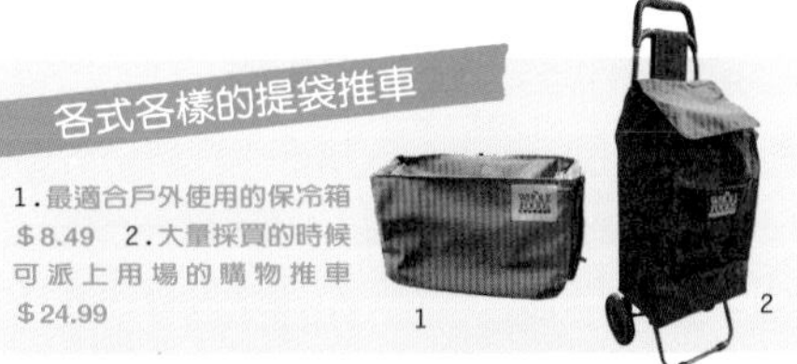

各式各樣的提袋推車

1.最適合戶外使用的保冷箱$8.49　2.大量採買的時候可派上用場的購物推車$24.99

\ 這個賣場很厲害！/

熟食賣場裡有很寬敞的內用空間。有許多使用了蔬菜，對身體很好的健康菜色。

1.受歡迎的祕訣在於針對有養生概念的人提供了很齊全的商品　2.不只有食品，也販賣五顏六色的花卉

聯合廣場 別冊 MAP P21B4

Trader Joe's

這裡可以買到平價的有機食品

可以用便宜的價格買到有機食品，在當地也很受歡迎的超級市場。特色在於充滿了原創性的商品，尤其是水果乾、堅果類的種類多到令人咋舌。也有在別家超級市場裡看不太到的商品。

DATA 交Ⓜ4·5·6·L·N·Q·R線14 ST-UNION SQ站步行2分 住142 E.14 St.(bet. 3 & 4 Ave.) ☎(1-212)529-4612 時8～22時 休無休

\ 這個賣場很厲害！/

開在食材賣場旁邊的葡萄酒專賣店。琳瑯滿目地陳列著優質的葡萄酒，價位平易近人。也有許多只有在這裡才買得到的葡萄酒

價格很便宜的有機食品

1.帶苦味的黑巧克力$1.99
2.五顏六色的罐裝坦尚尼亞咖啡豆$6.99

紐約的便利商店！？

在Duane Reade購物

誕生自紐約的Duane Reade是類似便利商店的藥妝店。
分布在曼哈頓各處，造型可愛的餅乾糖果和雜貨最適合買回去分送給大家！

把自由女神印在包裝袋上的墨西哥玉米脆片各＄2.99

做成蚯蚓形狀的汽水軟糖＄1.29。風味很清爽

Nice！綜合口味的雷根糖＄0.99

也可以拿來當下酒菜的4種綜合堅果＄8.49

可以享受到各種口味的水果乾＄4.49

有6種顏色的POP蠟筆型護唇膏＄25

顏色繽紛多樣的POP指甲油各＄10

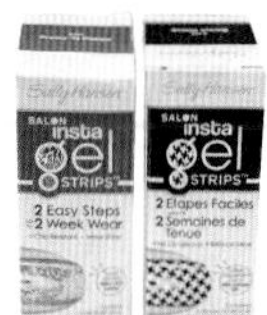

可以用上兩個禮拜的美甲貼各＄15.99

中城　別冊MAP P22A3

Duane Reade（港務局巴士總站一角）

24小時營業非常方便

從食品到化妝品、雜貨等，什麼都有的便利藥妝店。除了有自有品牌「Good & Delish」以外，還有由Walgreens推出的「Nice！」品牌等眾多商品。每一家店面都很大，非常方便採買，想要一次買齊伴手禮時很方便。也有許多商品的包裝是紐約限定。

DATA　㊋Ⓜ A·C·E線42 ST - PORT AUTHORITY BUS TERMINAL站即到　㊟661 8 Ave.(at W.42 St.)
☎(1-212)977-1562　㊕24小時　㊡無休

分布在整個紐約市內。大部分的門市週一～五皆為24小時營業，非常方便

〔主要分店〕
1430 Broadway.(別冊MAP●P22B4)
51 W.51 St.(別冊MAP●P25C4)
230 Park Ave.(別冊MAP●P23D2)
405 Lexington Ave.(別冊MAP●P23D3)
100 W. 57 St.(別冊MAP●P24B2)
52 E. 14 St.(別冊MAP●P21B4)

Duane Reade在2010年被Walgreens併購，但是因為已經深入紐約人的生活當中，所以店的名稱還是繼續沿用Duane Reade。

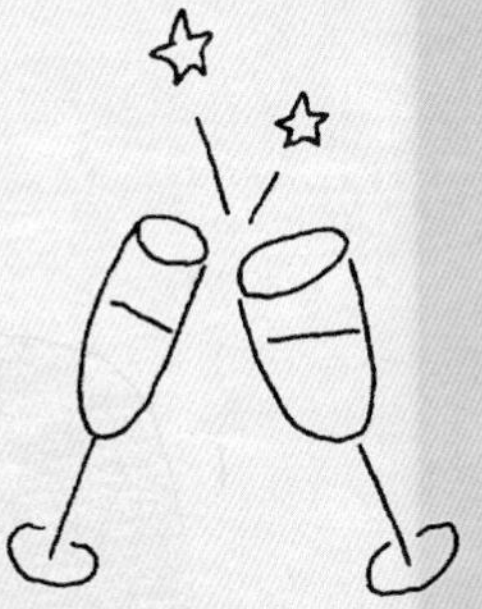

美食

早上從鬆鬆軟軟的美式鬆餅開始，

中午則用漢堡等的輕食墊墊肚子，

晚上再大啖明星主廚大展廚藝的頂級美食。

累了的話可以吃些美式甜點休息一下。

執紐約美食界牛耳的2人

由實力派主廚操刀 引發話題的時尚餐廳

在世界級的厲害主廚雲集的紐約，到處都是由明星級主廚操刀的名店。
以下便為大家介紹由目前正當紅的主廚操刀，人氣指數破表的餐廳。

1.烤鯛魚，佐帶有堅果風味、以番茄為基底的羅米斯科醬　2.濃郁的辣味巧克力塔　3.香煎科羅拉多產羔羊肉，搭配阿爾及利亞產茄子和優格製成的醬汁　4.餐廳的周遭還有姊妹店　5.採開放式廚房的店內

Profile
丹尼爾・布盧
Daniel Boulud
出身自法國的里昂，1982年赴美，隨後成為紐約最有名的法國菜主廚，知名度大開。是榮獲米其林3星的「Daniel」等6家餐廳的老闆兼主廚，在國外也開了多家分店。

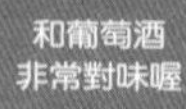

Boulud Sud

舉世聞名的主廚新開的餐廳

在法國菜、西班牙菜、希臘菜、北非菜、土耳其菜中，融合了多國風味的無國界地中海美食餐廳。提供巧妙地融合了各國的風味，洋溢著異國情調的菜單。除了3種合菜全餐以外，隨季節變換的單點菜色也琳瑯滿目。

DATA　㊋Ⓜ1線66 ST LINCOLN CENTER站步行3分　㊟20 W.64 St.(bet. Central Park West & Broadway)　☎(1-212) 595-1313　㊍11時30分～14時30分、19～23時(週四～六為～23時30分，週日17～22時)，酒吧&沙發酒吧為17～23時　㊡無休　㊎午$30～、晚$55～　☑需預約　☑有著裝規定

布盧先生的餐廳

●Daniel　別冊MAP●P13C4
曾經榮獲米其林3顆星的高級法國菜

●Bar Boulud　別冊MAP●P12A4
以葡萄酒窖為概念的餐館＆酒吧

●DB Bistro Moderne
別冊MAP●P23C2
漢堡的點菜率也很高的休閒風餐廳

●DBGB　別冊MAP●P19C1
以香腸和啤酒為賣點的休閒風酒吧

●Café Boulud　別冊MAP●P13C2
可以用合理的價格品嘗到法國菜的咖啡廳

身為紐約的頂尖廚師，舉世聞名的馬力歐・巴塔利的餐廳「Babbo」（別冊MAP●P17B1）是一家以主廚本人親手擀的義大利麵受到好評的高級義式餐廳。鎖定種類豐富的義大利麵的顧客絡繹不絕。

Check！

Taavo Somer的餐廳

以下是在建築、室內設計、DJ、活動規畫等各式各樣的領域裡都是目光焦點的Taavo Somer一手打造的2家話題餐廳。

下東區 別冊MAP P19C2 Freemans

隱身在巷子裡的私房餐廳。可以在仿古風格的店內享用到美國的家常菜。

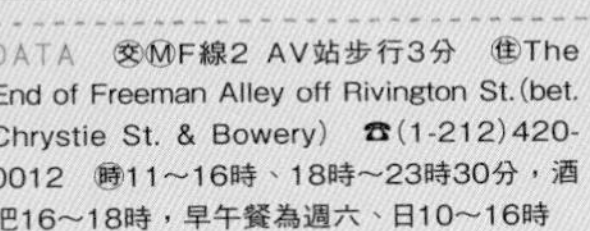

DATA ⓧⓂF線2 AV站步行3分 ⓘThe End of Freeman Alley off Rivington St.(bet. Chrystie St. & Bowery) ☎(1-212)420-0012 ⓗ11～16時、18時～23時30分，酒吧16～18時，早午餐為週六、日10～16時 ⓚ無休 ⓜ午$20～、晚$40～

東村 別冊MAP P19C1 Peels

走簡餐（輕食）風格的餐廳，以雞蛋入菜等美國南部的招牌美食為主。氣氛休閒而友善。

DATA ⓧⓂ6線BLEECKER ST站步行4分 ⓘ325 Bowery St.(at E.2 St.) ☎(1-646)602-7015 ⓗ8時～23時30分（週日～二～22時30分），早午餐為週六、日10～18時 ⓚ無休 ⓜ午$15～、晚$36～

1.烤甜菜淋自製優格＄13　2.烤豬肉佐歐洲原產蕪菁與煙燻培根的橘皮果醬＄35　3.豌豆沙拉＄16　4.5.附設於ABC Carpet & Home的1F，也有咖啡廳空間

堅持採用當地食材

Profile

尚・喬治

Jean Georges

出身自法國的史特拉斯堡，與法國菜的巨匠保羅・博庫斯一起在南法的2星級餐廳「L'Oasis」修得手藝後，在亞洲的各大飯店裡大顯身手。2011年「ABC Kitchen」獲選為詹姆士・比爾德集團的「最佳新餐廳」。

聯合廣場 別冊MAP P21A3 ABC Kitchen

注重在地產銷的實力派主廚名店

以「在地」「有機」「環保」為核心概念的有機餐廳。與家飾專賣店「ABC Carpet & Home（→P49）」合作，店內的裝潢走極簡風格，兼具藝術感。可以品嘗到使用了向簽約農家進貨的當季食材製成的美式餐點。

DATA ⓧⓂN・L・Q・R・4・5・6線14 ST-UNION SQ站步行4分 ⓘ35 E.18 St.(Park Ave. S. & Broadway) ☎(1-212)475-5829 ⓗ12～15時、17時30分～22時30分（週四～23時，週五、六～23時30分、週日～22時），早午餐為週六、日11～15時 ⓚ無休 ⓜ午$35～、晚$60～ ☑需預約 ☑有著裝規定

還有以下這些！

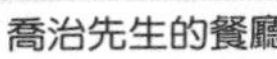

喬治先生的餐廳

● Jean—Georges 別冊MAP●P24A1
每年皆榮獲米其林3星的高級法式餐廳。

●Neugatine at Jean-Georges 別冊MAP●P24A1
平價午餐很受歡迎的休閒風餐廳

●Jojo 別冊MAP●P13D4
以家庭式的氣氛為賣點的法式餐廳

●The Mark 別冊MAP●P13C2
位於The Mark飯店內的美式法國菜餐廳

●Simply Chichen 別冊MAP●P8B1
以有機雞肉為主的休閒風餐廳

以風景為賣點的餐廳大集合

在屋頂餐廳
享用摩天大樓午餐&調酒

如果想要欣賞曼哈頓的景色，建議前往開在大樓屋頂上的屋頂餐廳。
在開放的露天空間裡，中午熱鬧、夜晚寧靜的氣氛下享受美酒和佳餚。

Hotel Chantelle

1.下雨天也可以前往的頂樓餐廳，氣氛十分明亮 2.加入酪梨果泥的漢堡＄15 3.加入了松露的起司通心粉＄15

邊吃法國菜邊眺望布魯克林

氣氛輕鬆休閒的法式餐廳＆酒吧。分成1F的酒吧吧台和屋頂，在主要的屋頂空間可以隔著東河欣賞布魯克林美麗的景色。餐點可以從輕鬆休閒的單點菜色、合菜的全餐中任選。晚上也會舉辦各式各樣的活動。

DATA ⓧⓂF·J·M·Z線 DELANCEY ST /ESSEX ST站步行1分 ㊟92 Ludlow St.(bet. Delancey Broome Sts.) ☎(1-212)254-9100 ㊋17～23時，早午餐為週六、日11～17時 ㊡週一

La Birreria

附設釀酒廠的屋頂啤酒屋

位於14層樓高的「Eataly」屋頂上的啤酒屋&餐廳。包含以傳統作法釀造而成的自家釀啤酒在內，隨時提供40種啤酒。餐點以德國、奧地利風的義大利家常菜為主，自製香腸、烤肉等等一應俱全。

DATA ⓧⓂN·R線23 ST站步行1分 ㊟200 5 Ave.(bet. W.23 & W.24 Sts.) ☎(1-212)937-8910 ㊋11時30分～23時(週五、六～24時) ㊡無休

1.自製香腸＄23
2.使用了在當地採收的蘋果和高麗菜的沙拉＄10
3.用餐空間的前面就是廣大的麥迪遜廣場公園

前往酒吧、俱樂部等供應酒類的店家時，請務必攜帶可以證明年齡的身分證明（護照正本等）。
請留意單憑護照影本或國內的駕照通常都無法進店內。

如果想在紐約品嘗調酒…

在紐約可以品嘗到各種不同的酒，例如直接以「紐約」及「曼哈頓」命名的調酒。可以從外觀來挑選，也可以從基酒來挑選。不妨小酌一杯自己喜歡的調酒，度過隨心所欲的美好夜晚。

曼哈頓

以帶甜味的甜苦艾酒兌波本威士忌，又稱雞尾酒之后

紐約

威士忌加柳橙皮加萊姆果汁，帶有微微苦澀又清爽的甜味

柯夢波丹

在伏特加裡加入了蔓越莓汁。『慾望城市』裡的凱莉也很愛這款調酒

中城 別冊MAP P9C2 230 Fifth

1.屋頂在週六、日以及有活動的時候可說是人山人海，所以建議事先訂位　2.藍莓口味的柯夢波丹＄14　3.週六、日的早午餐＄29採自助式

欣賞曼哈頓燈光璀璨的摩天大樓

座落在紐約市中心高樓大廈上的熱門屋頂酒吧，開放式的露天花園令人聯想到海灘度假村，非常舒適愜意，是個可以好好放鬆的休閒空間。離帝國大廈很近，可以欣賞曼哈頓燈火輝煌的夜景和品味美酒。營業至每天早上4時也是該酒吧受歡迎的秘訣。

DATA　㊋ⓂN·R線28 ST站步行2分　㊟230 5 Ave.(bet. W.26 & W.27 Sts.)　☎(1-212)725-4300　㊚16時～翌4時，早午餐為週六、日10～16時　㊡無休

肉品包裝區 別冊MAP P20B4 Plunge

也可以邊吃午餐邊欣賞哈德遜河的風光

位在肉品包裝區「Gansevoort Meatpacking NYC」飯店頂樓的屋頂酒吧＆酒廊。四周圍繞著哈德遜河和雀兒喜、中城的大樓，夕陽西下時可以欣賞到特別漂亮的景緻。11時開始營業，因此很適合想吃點簡單午餐、度過悠閒時光的人。

DATA　㊋ⓂA·C·E·L線14 ST站步行10分　㊟18 9 Ave.(at 13 St.)　☎(1-212)206-6700　㊚11時～翌1時(週四～六為～翌4時，週日～23時)　㊡無休

1.空間相當寬敞。西側是一整片的哈德遜河美景　2.市場沙拉＄16、普羅賽柯氣泡酒＄14　3.加入了芒果果泥，以伏特加為基底的調酒──芒果萊姆利克＄16

如果想要品嘗紐約風格的紅屋牛排

非常講究牛肉品質的老字號牛排館

牛排可說是美國最具象徵性的美食，其中帶有大量腓力部位的紅屋牛排更是分量十足，可以盡情大快朵頤一番。

紅屋牛排
$98（2人～）

1.可以同時吃到沙朗和腓力的招牌菜色　2.美國的歷任總統和名流也都曾是座上賓，是紐約歷史最悠久的牛排館　3.位於屋頂上的牛雕像是其標誌

雀兒喜　別冊MAP P20B3

The Old Homestead Steakhouse

紐約最老牌的牛排館

1868年創業，傳承145年以上自豪的好滋味。使用了在美國國內著名的頂級堪薩斯牛肉，為了充分呈現牛肉的美味，調味僅使用鹽、胡椒。也供應從日本進口的神戶牛牛排。

DATA　㊋ⓂL線8 AV站步行3分　㊟56 9 Ave.(bet. W.14. & W.15 Sts.)　☎(1-212)242-9040　㊕12～16時、16時～22時45分(週五～23時45分，週六13時～23時45分，週日13時～21時45分)　㊡無休

頂級紅屋牛排
$99（2人～）

1.軟嫩的程度恰到好處，熟成的風味非常有層次，享有一定評價的招牌菜色　2.天花板上吊滿了煙斗，非常驚人　3.店旁邊也附設有酒吧

中城　別冊MAP P11C4

Keens Steakhouse

古色古香的餐館呈現出130年的歷史

創業於1885年，是一家散發傳統和格調，氣氛安靜的牛排館。牛排有腓力、丁骨等5種，就屬將沙朗和腓力等部位煎得香氣四溢的紅屋牛排最受歡迎，骨頭直接立在盤子上氣勢十足。沙拉、甜點等也很豐富，擁有眾多在地熟客。

DATA　㊋ⓂB·D·F·M·N·Q·R線34 ST-HERALD SQ站步行3分　㊟72 W.36 St.(bet. 5 & 6 Ave.)☎(1-212)947-3636　㊕11時45分～22時30分、(週六17時～，週日17時～21時30分)　㊡無休

小小資訊　Wolfgang's Steakhouse在曼哈頓還有其他分店，除了公園大道的總店（別冊MAP●P9D1）以外，還有時代廣場店（別冊MAP●P22A3）、中城店（別冊MAP●P11D1）。

品嘗美味牛排的重點

肉的部位
不妨選擇自己喜歡的部位。不喜歡脂肪的選排力，喜歡脂肪的則選肋眼，建議事先掌握住肉（部位）的特色。

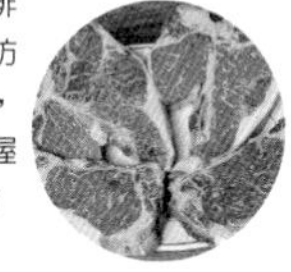

煎法
一般分成一分、三分、五分、全熟，不過請不要煎得太熟，才能享受牛肉多汁的美味。

調味
為了品嘗到肉的美味，通常只用鹽、胡椒調味。有些店家也會提供獨門醬料，也可以嘗試一下。

USDA頂級牛排
$99.50（2人）

1.一人份起的牛排都會附店家獨門醬汁　2.獲得米其林1星級殊榮的代表性牛排館　3.也供應划算的午餐菜單，氣氛輕鬆休閒

Peter Lugar Steak House

當地人也讚不絕口的熱門店家
經常高居紐約牛排排行榜的前幾名，帶動紅屋牛排風潮的著名店家。僅使用頂級紅屋牛排部位，肉質鮮嫩多汁。運用濃縮了牛排美味的肉汁調製的特製醬料，特色是充滿果香的甘甜，和牛排十分對味。

DATA　㊋ⓂJ·M·Z線MARCY AV站步行5分　㊟178 Broadway(at Driggs Ave.)　☎(1-718)387-7400　㊐11時45分～21時45分(週五、六～22時45分，週日12時45分～)　㊡無休

頂級紅屋牛排
$100（2人）

1.使用經美國農業部認定為高品質的安格斯黑牛　2.呈現復古風拱頂的天花板是一大特色　3.翠貝卡店平日總是擠滿了商務人士

Wolfgang's Steakhouse

美味都濃縮在慢慢熟成的牛肉裡
在Peter Lugar Steak House工作了40年以上的Wolfgang自己出來開的牛排館，光是在紐約就有4家店面，非常有名。該店特色在於使用了花上28天控管溫度、濕度，使牛肉熟成呈現軟嫩口感的「乾式熟成牛排」。

DATA　㊋Ⓜ1線CANAL ST站步行6分　㊟409 Greenwich St.(bet. Beach. & Hubert Sts.)　☎(1-212)925-0350　㊐12時～22時30分(週五、六～23時30分)　㊡無休

聚焦紐約特有的尺寸和味道

好想吃道地的美味漢堡

漢堡是最具有代表性的美式食物。每家店都很講究麵包、漢堡肉，以及各自的配料，以自家的特色風味一爭高下。一起享受從正統到健康訴求的各種美味漢堡吧。

1.配料為蕃茄、萵苣、洋蔥等簡單的口味　2.奶昔$6.43　3.口感鬆軟的布朗尼$2.99

1.厚實的漢堡肉再加上滿滿的美式起司、培根　2.葡萄柚覆盆子果汁$2.50　3.附上麵包丁的辣醬濃湯$7.50

1.特色是安格斯牛肉和大塊的培根的招牌漢堡　2.黃色鮪魚塔塔醬墨西哥捲餅$10.65　3.濃郁蕃茄湯$9.30

Burger Joint

隱身飯店內的排隊名店

位於Le Parker Meridien Hotel飯店内，鎮日大排長龍的熱門餐廳。招牌餐點是漢堡和起司漢堡。

DATA　㊋ⓂF線57 ST站步行2分　㊟119 W.56 St.(bet. 6 & 7 Ave.)　☎(1-212)708-7414　㊕11時～23時30分(週五、六～24時)　㊡無休

Corner Bistro

從老牌餐館誕生的佳餚

可以說是美味漢堡的代名詞。招牌漢堡裡夾的獨家漢堡肉混合了3種不同滋味的部位，非常出名。

DATA　㊋ⓂA·C·E線14 ST站步行3分　㊟331W.4 St.(at Jane St.)　☎(1-212)242-9502　㊕11時30分～翌4時(週日12時～)　㊡無休

P.J. Clarke's

名流鍾愛的老字號

法蘭克·辛納屈等名人都是這家漢堡店的擁護者。漢堡肉以紅肉為主，肉汁多到會在口中滿溢開來，大受好評。

DATA　㊋ⓂE·M線LEXINGTON AV/53 ST站步行2分　㊟915 3 Ave.(at E.55 St.)　☎(1-212)317-1616　㊕11時30分～翌4時　㊡無休

在紐約的漢堡店裡，基本上都要告訴店家漢堡肉的熟度、不想加的配料等等。尤其是配料，只要事先看過菜單確認，就能加快點餐速度。

Check！ 與眾不同的漢堡

在紐約，除了經典型的漢堡，還有各式各樣千奇百怪的漢堡。
以下就為大家介紹值得去見識一下的特殊漢堡！

Serendipity 3

獲金氏世界記錄認定為全球最昂貴的特製漢堡＄295掀起話題！需要在48小時前預訂。

DATA 交Ⓜ4·5·6線59 ST站步行3分 住225 E. 60 St.(bet. 2 & 3 Ave.) ☎(1-212)838-3531 時11時30分～24時(週五、六～翌1時) 休無休

Shake Shack 劇場區店

紐約非常熱門的連鎖店。使用了罕見的波特菇的Shake Shack漢堡＄9.15，份量十足。

DATA 交ⓂA·C·E線42 ST/PORT AUTHORITY BUS TERMINAL站步行2分 住691 8 Ave.(at W.44 St.) ☎(1-646)435-0135 時11～24時 休無休

1.漢堡肉以外的新鮮蔬菜也堆成一座小山　2.甜甜圈般大小的洋蔥圈＄4.50～　3.炸核桃香蕉球聖代＄7.95

獨家漢堡
$16.75

1.配料是炒成焦糖色的洋蔥和風味濃郁的起司　2.酪梨醬與洋芋片＄10.25　3.甜椒起司焗烤馬鈴薯皮＄8.25

1.要另外點的塔塔醬為該店自製　2.熱賣的甜甜圈4個＄3也可以外帶　3.濃郁的巧克力奶昔＄6

Bareburger

自選式的天然派漢堡

漢堡肉、蔬菜、起司、調味料等，所有食材都是有機食材，麵包、肉的種類都可自選的客製化漢堡是該店特色。

DATA 交Ⓜ6線BLEECKER ST站步行6分 住535 La Guardia Pl.(bet. W.3 & Bleecker Sts.) ☎(1-212)477-8125 時11時～23時30分 休無休

5 Napkin Burger

厚實的漢堡令人大吃一驚！

講究漢堡肉作法的漢堡非常受歡迎。如同店名多到需要用上5張餐巾紙的漢堡肉汁和葛瑞爾起司讓人胃口大開。

DATA 交ⓂA·C·E線42 ST/PORT AUTHORITY BUS TERMINAL站步行6分 住630 9 Ave.(at W.45 St.) ☎(1-212)757-2277 時11時30分～24時(週六、日11時～) 休無休

DuMont Burger

香味撲鼻的麵包＆漢堡肉

以肉汁滿溢的漢堡肉和布里歐麵包為美味關鍵的漢堡專賣店。不只有牛肉，也有魚、羊肉的漢堡。

DATA 交ⓂL線BEDFORD AV站步行8分 住314 Bedford Ave.(bet.S.1 & S.2 Sts.) ☎(1-718)384-6127 時11時30分～翌2時 休無休

紐約是民族的大熔爐！

品嘗最道地的民族聚集區美食

紐約聚集了來自世界各地的移民，跨國界的美食也一應俱全。以下介紹可以大啖平價的道地美味，紐約客也頻繁光顧的絕品異國美食餐廳！

●唐人街

Joe's Shanghai（鹿鳴春）

大排長龍的美味小籠包

受到『Zagat』和『紐約時報』等媒體給予高度評價的知名中國餐館。包裹著熱騰騰湯汁的小籠包，Q彈的麵皮令人難以抗拒。其中加入新鮮蟹黃的小籠包滋味濃郁，是該店最受歡迎的菜色。由於週六、日經常會大排長龍，因此建議在平日前往品嘗。10人以上則可預約。

DATA
㊂Ⓜ6·J·N·Q·R·Z線CANAL ST站步行6分
㊟9 Pell St.(near Bowery) ☎(1-212)233-8888 ㊎11～23時 ㊡無休

蟹粉小籠包
Crab Meat with Pork Meat Steamed Bun
$7.95

蟹肉和濃郁的蟹肉高湯全都濃縮在一顆顆美味的小籠包裡

晚餐時總是大排長龍，是唐人街的熱門店家

●東村

Il Buco Alimentari e Vineria

對食材十分講究的義大利餐廳

以簡單的調味獲得高度評價的著名義大利餐廳。老闆堅持親自前往義大利採購食材，在店內可以品嘗到店家手工自製的麵包和義式臘腸、當季蔬菜的餐點等美食。

DATA
㊂Ⓜ6線BLEECKER ST站步行5分
㊟53 Great Jones St.(bet. Bowery & Lafayette Sts.) ☎(1-212)837-2622 ㊎咖啡廳7～23時（週五～24時，週六9～24時，週日9時～）、餐廳7～23時（週五～24時，週六11～24時，週日11時～） ㊡無休

餐廳前方也附設咖啡廳、食品雜貨的賣場

烤章魚佐甜玉米
Pulpo a la Plancha
$21

將章魚觸鬚和蔬菜一起燒烤，帶有大蒜風味的一道菜。非常下酒

在紐約可以吃到的各國美食中，目前最受矚目的是韓國的「泡菜」。據說就連一流飯店的主廚都會去學習泡菜的作法，研究合紐約客口味的西洋風泡菜。

紐約的民族聚集區

紐約素有民族的大熔爐之稱，隨著來自世界各地的移民聚居，形成各自的城區。以下這些是紐約市內主要的民族聚集區。

小義大利
別冊MAP●P19C4
由來自義大利南部的移民構成，近年來有縮小的趨勢。

唐人街
別冊MAP●P7C4
擁有約180年的歷史，有30%的店家都是餐廳。

韓國城
別冊MAP●P9C1
以西32街為中心，韓國的食品材料行和餐飲店林立。

地獄廚房
別冊MAP●P10A2
過去曾是產業發展的中心區。治安不佳，需特別小心。

牛肉絲佐莎莎醬和洋蔥&胡椒
Ropa Vieja(前方右)
$20

將切成條狀的牛肉以莎莎醬調味，和洋芋片也非常對味。附米飯

古巴菜 別冊MAP P6B2

●格林威治村

Cuba

在充滿朝氣的店裡享用拉丁美食

在『Zagat』的加勒比海餐廳一類評比名列前茅的名店。除了古巴菜之外，也可品嘗到拉丁美食、西班牙菜等餐點，自製的調酒莫吉托、桑格莉亞各$11，也是該店的招牌之一。空間開闊的店内播放著加勒比海音樂，週末還有樂團的現場演奏。

也有很豐富的地中海地區的海鮮菜色

DATA
交M A·B·C·D·E·F·M線W 4ST WASH SQ站步行7分 住222 Thompson St.(bet. Bleecker & W.3 Sts.) ☎(1-212)420-7878 時11時30分～23時(週五、六～24時)早午餐為週六、日11～16時 休無休

墨西哥菜 別冊MAP P7D1

●東村

Empellón Cocina

充滿創意的墨西哥餐廳

以傳統的風味為基礎，再加入摩登的元素，提供創新墨西哥菜的餐廳。充滿創意巧思的菜色，盛盤的方式也很細膩、現代化。招牌菜的墨西哥塔可準備了豆子、蝦子等好幾種口味。前菜的香檸醃海鮮也是千萬不可錯過的一道佳餚。

讓人意想不到是墨西哥餐廳的時尚吧台

英式墨西哥塔可
Tacos with English Peas
$15

烤嫩蔥、瑞可達起司和辣椒醬搭配而成的健康墨西哥塔可

DATA
交M 6線ASTOR PL站步行8分 住105 1 Ave.(bet. E.6 & E.7 Sts.) ☎(1-212)780-0999 時17時30分～22時30分(週四～五為～23時30分) 休週日、一

即使睡過頭也沒關係！

平日也可以享用的早午餐聚會地點

靜下心來悠閒享用美食的早午餐時間對於紐約客的日常生活來說是不可或缺的一環。
以下從為數眾多的早午餐選項中，精選出供應最受大眾歡迎餐點的名店。

中城 別冊 MAP P24B3

Norma's

欣賞爵士樂同時享用時髦早午餐

位在Le Parker Meridien Hotel飯店1F，被譽為飯店早午餐的第一首選。使用了大量水果，份量十足的美式鬆餅和班尼迪克蛋很受歡迎，現榨的柳橙汁也很好喝，頗具好評。

藍莓鬆餅
Blueberry Pancakes $25
滿滿的藍莓和滋味濃郁又甜美的奶油非常對味

這道也很推薦!!!

甜甜的美式鬆餅和鹹鹹的蛋交織出絕佳美味的班尼迪克蛋＄27

DATA ㊡ⓂF線57 ST站步行2分 ㊟119 W.56 St.(bet. 6 & 7 Ave.) ☎(1-212)708-7460 ㊣7～15時(週六、日7時30分～) ㊡無休

也有很多當地人會來造訪的休閒風餐廳

上西區 別冊 MAP P12A1

Sarabeth's Kitchen

早餐＆早午餐的名店

自1981年以果醬＆烘焙點心的專賣店開幕以來，就是深受紐約客支持喜愛的熱門餐廳。美式鬆餅和格子鬆餅、班尼迪克蛋是早午餐的招牌菜，平日到15時30分以前都可以當成早餐的菜單點來吃。

DATA 交Ⓜ1線79 ST站步行3分 住423 Amsterdam Ave.(at W.80 St.) ☎(1-212)496-6280 時8時～22時30分(週日～22時)早午餐為週六、日8～16時 休無休

剛出爐的馬芬也很值得推薦

鮭魚班尼迪克蛋
Salmon Eggs Benedict
$19（週六、日為$20）
蛋黃和荷蘭醬交織成濃郁又滑順的風味

這道也很推薦!!!

上頭有新鮮草莓和香蕉的奶油美式鬆餅＄17.50（週六、日為＄18.50）

小小資訊

『紐約雜誌』發行數高達43萬本，過去雜誌上曾介紹為“最美味的鬆餅店”的「Clinton St. Baking Company & Restaurant」，以及刊登為“早餐女王”的「Sarabeth's Kitchen」都因此一炮而紅。接下來又會有哪家店受到該雜誌青睞呢？

Check ! 想要在美式餐廳享用的早餐菜單

上東區 別冊MAP P13D1 Lexington Candy Shop

1925年以糖果店起家，後轉變為美式餐廳營業至今的老字號。也有很多熟客是從小吃到大。

DATA 交ⓂM4·5·6線86 ST站步行5分 住1226 Lexington Ave.(at 83 St.) ☎(1-212)288-0057 時7～19時(週日8～18時) 休無休

法式土司 $8.25

培根與菠菜的切達起司蛋捲 $9.75

奶昔 $7.80

上西區 別冊MAP P2B2 Good Enough to Eat

也曾在電影『電子情書』裡登場

可以吃到BLT蛋捲和法式土司等傳統的美國家常菜。尤其每到週末的早午餐時段總是大排長龍，即便到了下午也不見人潮減少。請注意招牌的美式鬆餅最後點餐時間只到16時。

DATA 交ⓂM1線86 ST站步行5分 住520 Columbus Ave.(at W.85 St.) ☎(1-212)496-0163 時8～16時、17時30分～22時30分(週六、日9時～，週五、六～23時) 休無休

擁有30年以上歷史的老字號

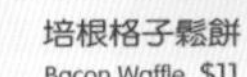

培根格子鬆餅
Bacon Waffle $11

加入了培根的格子鬆餅和打發的草莓奶油非常對味

這道也很推薦!!!

煙燻鮭魚三明治$14是熱門的早午餐菜色之一

下東區 別冊MAP P7D2 Clinton St. Baking Company & Restaurant

當地最受歡迎的美式鬆餅

該店的藍莓鬆餅曾經獲選為紐約的最美味鬆餅，麵糊中拌入了新鮮藍莓，鬆鬆軟軟中帶點濕潤的口感，風味絕佳。也有班尼迪克蛋、法式吐司等，令人眼花撩亂。

藍莓鬆餅
Wild Maine Blueberry Pancake with Maple Butter $14

將鬆鬆軟軟的鬆餅浸滿楓糖漿才是道地吃法

這道也很推薦!!!

墨西哥風味早餐Huevos rancheros $14

DATA 交ⓂMF線2 AV站步行8分 住4 Clinton St.(bet. E Houston & Stanton Sts.) ☎(1-646)602-6263 時8～16時、18～23時(週六9時～，週日9～18時) 休無休

即使是平日的早午餐時段仍舊大排長龍的名店

遠離都會的喧囂小憩片刻

甜點也很美味 令人放鬆的咖啡廳

有很多紐約客會在咖啡香的包圍下，在咖啡廳裡看書、聊天，度過悠閒的時光。
不妨逛逛咖啡廳，享用講究的咖啡和降低了甜度的甜點。

1.店內陳列著文藝復興時期的繪畫　2.提拉米蘇＄5.75和卡布奇諾＄3.75屬於成熟的風味　3.入口附近還有據說是梅第奇家使用過的長椅

別冊
MAP
P17B2

Caffe Reggio

將卡布奇諾引進紐約的店

創業於1927年，據說是美國第一家引進卡布奇諾的老字號咖啡廳。店內就像文藝復興時代的義大利一樣，也出現在許多部電影裡。

DATA　㊈ⓂA·B·C·D·E·F·M線W 4 ST-WASH SQ站步行4分　㊟119 MacDougal St.(bet. Minetta Ln. & W. 3 St.)　☎(1-212)475-9557　㊋8時～翌3時(週五、六～翌4時30分，週日9時～)　㊡無休

1.店裡總是高朋滿座的知名咖啡廳　2.復古的起司蛋糕＄8.50和咖啡＄3　3.陳列在蛋糕櫃裡的各種蛋糕讓人眼花繚亂

上西區

別冊
MAP
P12A1

Café Lalo

曾經是電影舞台的咖啡廳

刻意打造成巴黎拉丁區風情的咖啡廳，曾經出現在電影『電子情書』裡。可以吃到每天手工製作的甜點及蛋糕。

DATA　㊈Ⓜ1線86 ST站步行2分　㊟201 W.83 St.(bet. Amsterdam Ave. & Broadway)　☎(1-212)496-6031　㊋8時～翌2時(週五～翌4時，週六9時～翌4時，週日9時～)　㊡無休

最近優格咖啡廳有逐漸增加的趨勢。達能集團在中城推出了「The Yogurt Culture Company」（別冊MAP●P23D3），當地的新創企業也開了「Chobani」（別冊MAP●P18A2）。優酪的時代就要來了嗎？

這裡也可以外帶！

Gimme Coffee

可以品嘗到有機及公平交易等，使用了各種咖啡豆的咖啡$1.50～。紐約市內有3家店面。

DATA ㊋Ⓜ6線SPRING ST站步行4分 ㊟228 Mott St.(bet. Spring & Prince Sts.) ☎(1-212)226-4011 ㊐7～19時(週六、日8時～) ㊡無休

Blue Bottle Coffee

誕生自加州的濃縮咖啡吧。使用了48小時以內烘焙的咖啡豆，香氣馥郁的咖啡$3.25。

DATA ㊋ⓂL線BEDFORD AV站步行5分 ㊟160 Berry St.(bet. N.4 & N.5 Sts.) ☎(1-718)387-4160 ㊐7～19時(週五～日為～20時) ㊡無休

1.黃褐色調的大幅畫作令人印象深刻 2.特別推薦有巧克力和香草兩種口味可以任選的泡芙$6.50及濃縮咖啡$4.90 3.晚上也是很有名的酒吧

Caffe Dante

多年來深受藝術家喜愛的老字號

曾經是足以代表紐約的藝術家們聚集的咖啡廳，名聞遐邇。有很多義式冰淇淋和提拉米蘇、奶油甜餡煎餅卷等義式甜點。

DATA ㊋ⓂC·E線SPRING ST站步行6分 ㊟79-81 Macdougal St.(bet. E.Houston & Bleecker Sts.) ☎(1-212)982-5275 ㊐10～24時(週五、六～翌1時) ㊡無休

1.餐點選項也十分豐富。午餐和晚餐時段坐滿全家蒞臨的顧客 2.蘋果派$8也可以外帶 3.除了派以外，馬芬及起司蛋糕也非常受歡迎

Bubby's

招牌的美國派非常受歡迎

以店家自製的派打響知名度。蘋果派的上頭有滿滿的蘋果，手工製作的派皮散發出肉桂的香味，是讓紐約客欲罷不能的好味道。

DATA
㊋Ⓜ1線FRANKLIN ST站步行2分 ㊟120 Hudson St.(at N.Moore St.) ☎(1-212)219-0666 ㊐24小時 ㊡週二0時～翌7時之間

紐約客最喜愛了！

五彩繽紛又可愛的杯子蛋糕

將五顏六色的糖霜擠在鬆鬆軟軟的海綿蛋糕上，看起來很可愛的杯子蛋糕。
味道也演變出各種口味，絕對令人一吃就上癮！

A

香草／香草＄3.25。香草口味的海綿蛋糕上是粉紅色的糖霜。粉嫩的顏色是該店的特色

B
在麵糊裡加入了滋味酸酸甜甜的草莓，再擠上大量花生奶油霜的草莓口味＄2

香蕉巧克力＄4.95。在甜蜜的巧克力裡混入香蕉奶油，風味絕佳

C

香草／巧克力＄3.25。微苦的巧克力海綿蛋糕搭配香醇的奶油，非常對味
A

B
薄荷巧克力杯子蛋糕＄2，美味的關鍵就在於薄荷口味的糖霜

在原味的海綿蛋糕上擠上香味迷人的櫻桃奶油，櫻桃口味＄4.95

C

A ●西村 Magnolia Bakery

別冊MAP● P17A1

帶動流行風潮的名店

出現在影集『慾望城市』裡而一舉成名。宛如美國的杯子蛋糕的象徵，特色是甜甜的糖霜和蛋糕輕盈的口感。週末會大排長龍。

DATA 交Ⓜ1線CHRISTOPHER ST-SHERIDAN SQ站步行5分 住401 Bleecker St.(at W.11 St.) ☎(1-212)462-2572 時9時～23時30分（週五、六～翌0時30分） 休無休

B ●下東區 Sugar Sweet Sunshine Bakery

別冊MAP● P19D2

以繽紛的色彩大受好評

老闆是兩位出身自馬諾利亞的女性。鬆鬆軟軟的蛋糕體上擠滿了五顏六色糖霜的杯子蛋糕常備14種左右。非常有名，客人絡繹不絕。

DATA 交ⓂF·J·M·Z線DELANCEY ST/ESSEX ST站步行3分 住126 Rivingston St.(bet. Norfolk & Essex Sts.) ☎(1-212)995-1960 時8～22時（週五～23時，週六10～23時，週日10～19時） 休無休

C ●下東區 Baby Cakes NYC

別冊MAP● P19D3

使用純天然的食材

不使用任何麵粉、麩質、砂糖、乳製品，堅持純素的杯子蛋糕琳瑯滿目。外觀也很可愛，再加上令人回味無窮的味道，對身體又好，因此有很多回籠客。

DATA 交ⓂF·J·M·Z線DELANCEY ST-ESSEX ST站步行2分 住248 Broome St.(bet. Ludlow & Orchard Sts.) ☎(1-855)462-2292 時10～20時（週二～四為～22時，週五、六～23時） 休無休

小小資訊 將可頌麵包的麵糰炸成甜甜圈狀，擠入奶油、或是裹上一層糖霜的可頌甜甜圈，繼杯子蛋糕在紐約掀起熱潮。孕育出可頌甜甜圈的Dominique Ansel Bakery（別冊MAP●P18A2）一天到晚都大排長龍。

買五顏六色的糖果當伴手禮

上東區 別冊MAP P13D4

Dylan's Candy Bar

老闆是Ralph Lauren的女兒Dylan。陳列多達5000種糖果。特別推薦裝在獨家罐子裡的軟糖＄16等。

DATA 交M4·5·6·N·Q·R線 LEXINGTON AV /59 ST站步行2分 住1011 3 Ave.(at E.60 St.) ☎(1-646)735-0078 時10～21時(週五、六～23時，週日11～21時) 休無休

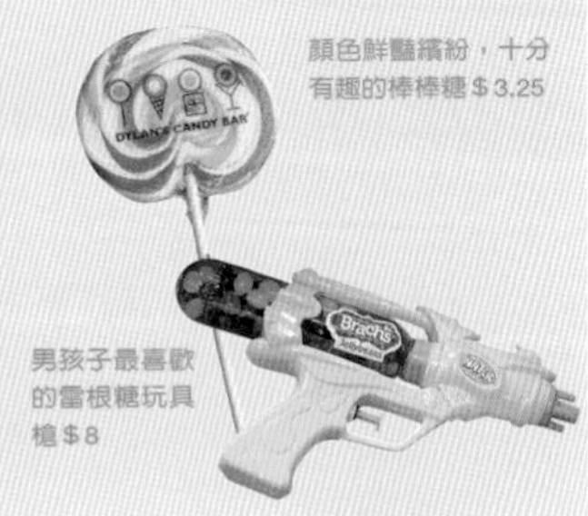

顏色鮮豔繽紛，十分有趣的棒棒糖＄3.25

男孩子最喜歡的雷根糖玩具槍＄8

在巧克力蛋糕上疊上巧克力奶油和櫻桃的櫻桃巧克力口味＄3

把起司風味的奶油擠在紅色海綿蛋糕上的紅絲絨蛋糕＄3.75

香蕉＄3.15。淡淡甜味的香蕉奶油和海綿蛋糕堪稱絕配

草莓口味＄3.75，降低甜度的草莓奶油非常美味

搭配紅蘿蔔、肉桂奶油、椰子等的紅蘿蔔蛋糕＄3

巧克力蛋糕擠上甘納許巧克力，滋味濃郁的巧克力口味＄3.15

D ●雀兒喜

Billy's Bakery

別冊MAP ● P20B1

風味淳樸的杯子蛋糕

保留傳統美國風味的杯子蛋糕，內層十分鬆軟。糖霜有香草和巧克力2種，可以品嘗到樸實的風味。自製起司蛋糕也大受好評。

DATA 交MC·E線23 ST站步行6分 住184 9 Ave.(bet. W.21 & W.22 Sts) ☎(1-212)647-9956 時8時30分～23時(週五～24時，週六9～24時，週日9～21時) 休無休

E ●中城

Sprinkles Cupcakes

別冊MAP ● P25D1

以杯子蛋糕的提款機掀起話題

來自洛杉磯的杯子蛋糕專賣店。使用了天然的食材，全都是甜而不膩的好味道。包含會隨季節變換的蛋糕，隨時提供20種口味。

DATA 交M4·5·6·N·Q·R線59 ST站步行1分 住780 Lexington Ave.(bet. 60 & 61 Sts.) ☎(1-212)207-8375 時9～21時(週日10～20時) 休無休

F ●東村

Tu-Lu's Gluten-Free Bakery

別冊MAP ● P2B3

不使用麩質的蛋糕

曾引發小麥過敏症狀的老闆經過不斷研發，製作出不含麩質的甜點。使用米粉、樹薯粉製作，味道甜而不膩大受好評。

DATA 交ML線1 AV站步行5分 住338 E.11 St.(bet. 1 & 2 Ave.) ☎(1-212)777-2227 時10時30分～22時(週五、六～22時30分) 休無休

甜點裝在第二個胃裡！

從經典款到變化型的美式甜點

外觀令人食指大動的美式甜點，不僅重視甜度，份量也很重要！
以下為大家介紹濕潤紮實的起司蛋糕和紐約客也很喜歡的冰淇淋等美式甜點。

Junior's

知名起司蛋糕的經典名店

誕生於布魯克林的老字號餐廳。招牌甜點是自製的紐約起司蛋糕。濕潤紮實的口感和富有層次的濃郁風味讓人一吃就上癮。

DATA ㊜Ⓜ1·2·3·7·N·Q·R·S線TIMES SQ-42 ST站步行3分 ㊟W.45 St.(bet. Broadway & 8 Ave.) ☎(1-212)302-2000 ㊕6時30分～24時(週五、六～翌1時，週日～23時) ㊡無休

原味起司蛋糕
（6吋）$16.50

綿密的口感與芳香甘醇的香氣很吸引人。也販賣7吋$21.95、8吋$32.95

覆盆子果泥起司蛋糕
（8吋）$34.95

酸酸甜甜的覆盆子果泥更能突顯出起司蛋糕濃郁的甘甜

Two Little Red Hens

所有蛋糕都很美味備受好評

號稱忠實顧客遍布全紐約的烘焙坊，所有甜點都冠上「Best」的稱號。其中又以味道優雅細緻的櫻桃起司蛋糕和加入了巧克力布丁的杯子蛋糕評價最高。

DATA ㊜Ⓜ4·5·6線86 ST站步行5分 ㊟1652 2 Ave.(bet. E.85 & E.86 Sts.) ☎(1-212)452-0476 ㊕7時30分～21時(週五～22時，週六8～22時，週日8～20時) ㊡無休

櫻桃起司蛋糕
$5

店家自製的紐約風味起司蛋糕和櫻桃十分對味。不會太甜這點也很棒

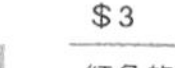

紅絲絨蛋糕
$3

紅色的海綿蛋糕令人印象深刻。杯子蛋糕上頭是滿滿的甜而不膩的奶油起司

Eileen's Special Cheesecake

光是起司蛋糕就有30種

在蘇活區已經開了30年以上的老字號。味道非常濃郁，卻不會太甜，吸引眾多當地的忠實顧客。色彩繽紛的起司蛋糕備有30種以上。也提供小巧的1人份尺寸，一不小心就會買太多。

DATA ㊜Ⓜ6線SPRING ST站步行1分 ㊟17 Cleveland Pl.(at Kenmare St.) ☎(1-212)966-5585 ㊕9～21時(週六、日10～19時) ㊡無休

草莓起司蛋糕
（6吋）$19.50

餅乾打底，上層是略帶酸味的起司奶油以及滿滿草莓的夢幻甜點

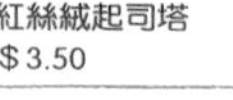

紅絲絨起司塔
$3.50

令人眼睛為之一亮的紅色海綿蛋糕是巧克力口味，上面的糖霜風味十分高雅

紐約起司蛋糕是最常見的紐約甜點。特色是將加入酸奶油和全蛋的麵糊隔水蒸烤成濕潤綿密的蛋糕。
有一說是起司蛋糕原本是移居紐約的猶太人製作的糕點。

紅女巫
$2.95

國內不太常見的紅櫻桃口味布朗尼

胖女巫邊邊
$12.99

裝滿布朗尼蛋糕切邊的划算商品

奶油女巫餅乾
花生奶油
$1.38

在突顯出燕麥片風味的樸實餅乾裡夾入花生奶油

奶油女巫餅乾
巧克力
$1.38

為餅乾裹上一層巧克力，再夾入巧克力醬。推薦給熱愛甜食的人

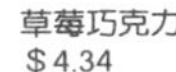

開心果巧克力
$4.89

在開心果口味的冰棒上裹上一層開心果碎片。和黑巧克力的風味相得益彰

草莓巧克力
$4.34

草莓風味十分濃郁的雪酪，清甜爽口的好滋味

糖衣巧克力餅乾
$14／磅（約453克）

外頭裹上五顏六色巧克力糖衣的巧克力餅乾

水果軟糖
$14／磅（約453克）

草莓、鳳梨、青蘋果等水果風味的軟糖

雀兒喜 別冊MAP P20B3

Fat Witch Bakery

標幟是可愛的女巫插畫

位於雀兒喜市場內的布朗尼專賣店。除了招牌商品布朗尼以外，可以溶解在熱水或熱牛奶裡的粉末飲品也只要$3左右。

DATA 交ⓂL線8 AV駅、A·C·E線14 ST站步行5分 住雀兒喜市場內(→P34) ☎(1-212)807-1335 時9～21時(週日～20時) 休無休

格拉梅西 別冊MAP P21A2

'wichcraft

酥脆的口感很吸引人

知名的美味三明治專賣店，奶油女巫餅乾是該店隱藏版的知名甜點。燕麥餅乾中夾入楓糖奶油，濕潤扎實的口感堪稱一絕。

DATA 交ⓂN·R線23 ST站步行3分 住11 E.20 St.(bet. 5 Ave. & Broadway) ☎(1-212)780-0577 時8～18時(週六、日10時～) 休無休

格林威治村 別冊MAP P17B2

Popbar

客製化的手工冰品

堅持採用濃縮咖啡、當季的水果等味道和食材製成約40種的冰棒，可以加上穀麥、巧克力等自己喜愛的配料。不含人工甜味劑等化學製品，僅使用100%天然食材。

DATA 交ⓂA·B·C·D·E·F·M線W 4 ST站步行3分 住5 Carmine St.(at 6 Ave.) ☎(1-212)255-4874 時12～22時(週五～日為～24時) 休無休

上東區 別冊MAP P13C1

CuRious Candy

Cynthia Rowley的甜點店

開在Cynthia Rowley新概念店的2樓。有香檳和薰衣草等風味獨一無二的棉花糖及巧克力等糖果，就跟流行服飾一樣，外觀也色彩繽紛，非常漂亮。

DATA 交Ⓜ6線77 ST站步行4分 住43 E.78 St.(bet. Madison & Park Ave.) ☎(1-212)288-1163 時10～19時(週六11時～，週日11～18時) 休無休

不妨搭配成自己喜歡的口味吧

紐約最具代表性的簡單靈魂美食

可以選擇喜歡食材的客製化外帶美食在紐約是很常見的食物。
貝果、熱狗、三明治等等，都可以輕鬆地享用自己喜歡的口味。

貝果

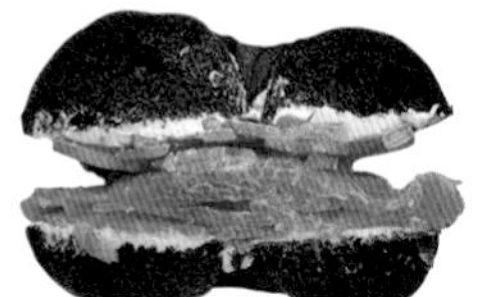

貝果　黑裸麥麵包
餡料　奶油起司＋煙燻鮭魚
$10.75

使用100%裸麥的德國傳統貝果，特色是略帶酸味

鮭魚很美味！

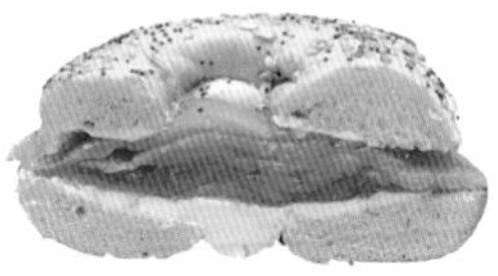

貝果　什錦貝果
餡料　奶油起司＋煙燻鮭魚
$14

吃得到芝麻、洋蔥、大蒜味道的貝果讓人一吃就上癮

享受獨特口感！

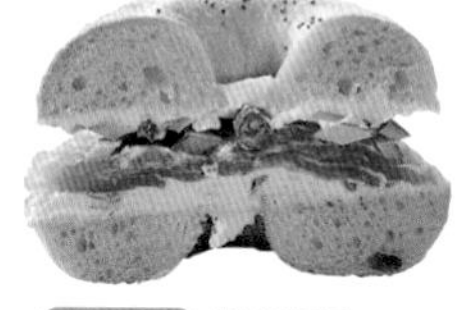

貝果　罌粟籽貝果
餡料　奶油起司＋煙燻鮭魚
$12

罌粟籽具有獨特的香氣，和濃郁的奶油起司可以說是天生絕配！

Ess-a-Bagel

紐約知名的貝果店

在店裡面烤好的貝果柔軟蓬鬆，還帶點適度的嚼勁。提供約10種貝果、約20種內餡，例如奶油起司、沙拉等。

DATA　交M6線51 ST站步行2分
住831 3 Ave.(bet. E.50 & E.51 Sts.)
☎(1-212)980-1010
時6～21時(週六、日～17時)
休無休

Barney Greengrass

老字號的猶太熟食店

1908年創業的猶太熟食店，以鱘魚和鮭魚最為有名，夾入這些的貝果非常受歡迎。厚厚的鮭魚吃起來非常過癮。

DATA　交M1線86 ST站步行3分
住541 Amsterdam Ave.(bet. W.86 & W.87 Sts.)　☎(1-212)724-4707
時8時30分～16時(週六、日～17時)
休週一

Russ & Daughters

如果想吃傳統的貝果

純手工揉製和用烤箱烘烤出來的傳統貝果尺寸較小，富有嚼勁。鹽分和油脂的比例恰到好處的鮭魚貝果是人間美味。

DATA　交MF線2 AV站步行3分
住179 E.Houston St.(bet. Allen & Orchard Sts.)　☎(1-212)475-4880
時8～20時(週六～19時，週日～17時30分)　休無休

貝果迷人的地方在於可以自由搭配貝果種類和餡料。除了常見的奶油起司＆鮭魚以外，還有加入葡萄乾、橄欖等新奇的貝果也務必一試！

國際吃熱狗大賽

由Nathan's主辦，比賽10分鐘內可以吃掉多少熱狗的傳統比賽。每年7月4日舉行。也因日本的小林尊在2001年起連奪6年冠軍的紀錄而聞名。

菜單上備有原味和起司、辣起司、辣豆子等4種口味

紐約郊區 別冊MAP P3C4

Nathan's Famus

DATA ⓧⓂD·F·N·Q線CONEY ISLAND/STILL WELL AV站步行1分 ㊟1310 Surf Ave. Brooklyn ☎(1-718)333-2202 ⓗ8時～翌1時(週五、六～翌2時) ㊡無休

熱狗

洋蔥熱狗堡
$1.95

夾入粗絞肉製的法蘭克熱狗、番茄醬、洋蔥的熱賣菜色

酥脆的麵衣令人一吃上癮

炸熱狗
$6

炸得酥酥脆脆的美式熱狗與BBQ美乃滋的沾醬十分對味

熱狗堡
$5（1個）

上頭撒滿了洋蔥的招牌菜，是很單純的熱狗堡

辣味熱狗堡
$2.45

加入了豆子、洋蔥、好幾種香辛料的辣醬是美味的關鍵

越式法國麵包
$5

嗆辣的醃蘿蔔為這款越南風熱狗堡製造畫龍點睛的效果

龍蝦捲
$11.75

上頭擺滿了肉質非常緊實、爽脆彈牙的龍蝦

上西區 別冊MAP P12A2

Gray's Papaya

熱狗堡的連鎖店

專門賣熱狗的連鎖店。放上德式酸菜、淋上番茄醬的熱狗堡$1.75～。也可以搭配木瓜汁一同品嘗。

DATA ⓧⓂ1·2·3線72 ST站步行1分 ㊟2090 Broadway(at W.72 St.) ☎(1-212)799-0243 ⓗ24小時 ㊡無休

諾利塔 別冊MAP P19C3

ASIADOG

亞洲風味的熱狗

店內充滿使用了韓國烤肉、炸豬排、蘿蔔等亞洲人熟悉的菜色及食材的熱狗。也有漢堡及三明治。

DATA ⓧⓂ6線SPRING ST站步行5分 ㊟66 Kenmare St.(bet. Mott & Mulberry Sts.) ☎(1-212)226-8861 ⓗ12～22時(週日～18時) ㊡無休

中城 別冊MAP P22B2

Snack Box

書報攤型的路邊小店

位於時代廣場上的熱狗攤，以高品質的美味獲得一定的評價。可以在軟嫩多汁的煙燻香腸上加上自己喜歡的配料。

DATA ⓧⓂ1·2·3·7·N·Q·R·S線TIMES SQ-42 ST站步行5分 ㊟Broadway & 46 St. ⓗ8～24時(週五、六～翌1時) ㊡無休 ※偶爾會移動到時代廣場的南側

熟食的點餐方法

❶ 選擇餐點

從陳列在展示櫃裡的菜餚中選擇自己想吃的東西。有向店員點菜，或是自行裝進容器裡等方式。

❷ 點餐

向店員點餐時，請告訴對方想要什麼、想要多少。單位為磅（1磅＝約450克）而不是公克，請特別注意。

❸ 收銀台結帳

店員會將食材裝進容器裡秤重，再貼上售價的標籤，只要拿到收銀台結帳即可。自行裝盒時則是在收銀台秤重結帳。

三明治類

經典花椰菜
$9

滿滿的綠色花椰菜與荔枝、瑞可達起司，形成非常特殊的組合

爽脆彈牙的餡料很吸引人

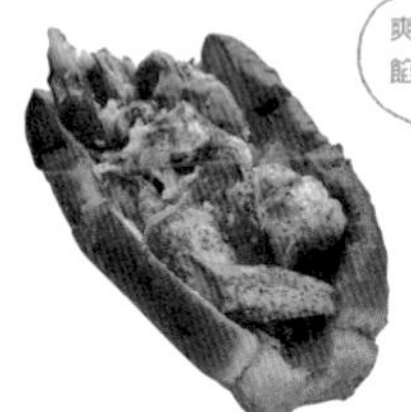

龍蝦潛艇堡
$15

在表面烤得酥酥脆脆的麵包裡夾入滿滿的大塊龍蝦！

份量十足

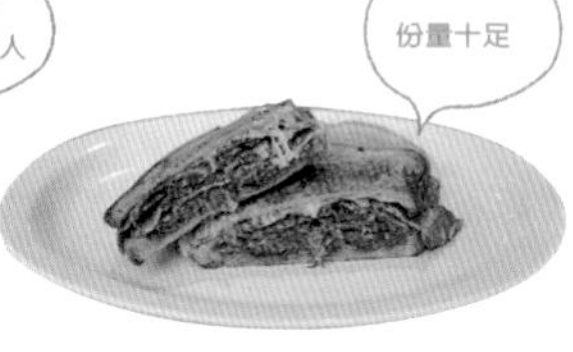

醃牛肉
魯賓三明治$11

加入了滿滿的自製醃牛肉和德式酸菜的三明治

No.7俱樂部
$13

夾入火雞肉、火腿和嗆辣的墨西哥辣椒美乃滋、洋芋片

緬因風味
$23

加入了龍蝦、蝦子、蟹肉的迷你潛艇堡套餐

鮪魚起司三明治
$7.50

酥脆的麵包和綿密滑順的鮪魚、入口即化的起司非常對味

No.7 Sub

橢圓形的三明治

可以嘗到把配料夾在特地烤成細長橢圓形的麵包裡的三明治。除了肉類口味，花椰菜等蔬菜配料也一應俱全。

DATA ㊂ⓂN·R線28ST站步行1分 ㊟1188 Broadway(at W.29 St.) ☎(1-212)532-1680 ㊕11～19時(週六～16時) ㊡週日

東村 別冊 MAP P7D1

Luke's Lobster

務必一嘗龍蝦潛艇堡

使用向緬因州的批發商直接進貨的最高品質龍蝦，小巧尺寸龍蝦潛艇堡非常有名。也供應蛤蜊巧達濃湯。

DATA ㊂Ⓜ6線ASTOR PL站步行10分 ㊟93 E. 7 St.(bet. 1 & A Ave.) ☎(1-212)387-8487 ㊕11～22時(週五、六～23時) ㊡無休

Eisenberg's Sandwich

老字號餐館的三明治

從1929年開業至今的餐館。猶太麵包球湯和巧克力牛奶蘇打等傳統的猶太美食也很好吃。

DATA ㊂ⓂN·R線23 ST站步行1分 ㊟174 5 Ave.(bet. W.22 & W.23 Sts.) ☎(1-212)675-5096 ㊕6時30分～20時(週六9～18時，週日9～17時) ㊡無休

紐約風格的三明治以麵包的種類豐富著稱。從全麥麵包到裸麥麵包、白麵包等會提供好幾種選擇，因此在排隊時先決定好的話可以加快點餐速度。

非裔美籍的靈魂美食

哈林區 別冊MAP P15B1

Sylvia's

哈林區的指標性餐廳。可以品嘗到碳烤肋排、炸雞等從創業以來就不曾改變的好滋味。

DATA 交M2·3線125 ST站步行2分 住328 Lenox Ave.(bet. W.126&W.127 Sts.) ☎(1-212)996-0660 時8時～22時30分(週日11～20時) 休無休

經典的靈魂美食。炸雞、起司通心粉、甘藍菜、豬排的拼盤「BBQ肋排&炸雞多重奏」$19.95

其它

煙燻牛肉三明治
$19.75

三明治裡大氣豪邁地夾著肉厚多汁的煙燻牛肉

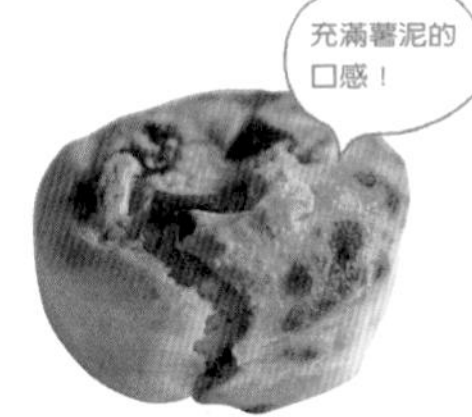

充滿薯泥的口感！

馬鈴薯餡餅
$3.75

以麵粉糰包裹馬鈴薯泥的烘烤而成的鹹麵包

托斯卡尼白豆湯
$4.99（中杯）

加入義大利產的豆子和菠菜等蔬菜，料多味美的湯

醃牛肉
魯賓三明治
$20.25

味道比煙燻牛肉三明治清爽一點。還可以追加喜歡的配料

全穀餡餅
$3.75

加入燕麥及大麥等全穀粒的麵糰充滿了膳食纖維

小沙拉
$4.39

大小、配料、沙拉醬都可以任選的客製型沙拉

下東區 別冊MAP P19D1

Katz's Delicatessen

紐約最古老、最大家的熟食店

1888年創業的老店。煙燻牛肉三明治夾滿以香草醃漬後煙燻的牛肉，該店供應許多這類的傳統熟食餐點。

DATA 交MF線2 AV站步行5分 住205 E. Houston St.(at Ludlow St.) ☎(1-212)254-2246 時8時～22時45分(週四～翌2時45分，週五會從8時一直開到週日的22時45分) 休無休

下東區 別冊MAP P19C1

Yonah Schimmel's Knishes

老字號的餡餅店

1910年創業的餡餅專賣店。和高麗菜沙拉等配成套餐推出的餡餅裡有著滿滿的馬鈴薯泥和蔬菜。

DATA 交MF線2 AV站步步1分 住137 E. Houston St.(bet. Forsyth &Eldridge Sts.) ☎(1-212)477-2858 時9～19時 休無休

聯合廣場 別冊MAP P21A3

Hale and Hearty

滿滿都是蔬菜的湯品

約20種可供選擇的湯品和沙拉吧的組合，午餐時間總是門庭若市。也有使用當季食材的湯和每日湯品。

DATA 交MN·Q·R線14 ST-UNION SQ站步行3分 住11 E. 17 St.(bet. Broadway&5 Ave.) ☎(1-212)675-6611 時10～21時(週六、日11～18時) 休無休

平民美食的最佳選擇！

國際色彩濃厚的攤販美食

移動式的美食餐車在市區的大街小巷都造成排隊熱潮，現在正當紅。
從道地的餐點到異國美食、甜點等，可以品嘗到種類五花八門的美食。

將切碎的雞肉和萵苣、口袋薄餅等放在白飯上的清真雞肉飯＄6Ⓐ

蔬菜汁調合比例不同，味道也呈現帶甜味或苦味等大幅的差異。各＄9.50Ⓓ

使用依循伊斯蘭教戒律烹調的羊肉。清真羊肉＄6Ⓐ

灑上覆盆子＆餅乾碎屑的優格。小杯＄4.50Ⓔ

可以從牛肉、香腸、豬肉、雞肉等4種配料中任選的墨西哥塔可＄3Ⓑ

放上WMD巧克力、鮮奶油、草莓。＄7Ⓒ

椰糖口味，特色是從椰果中萃取出的天然甜味。小杯＄4.90Ⓕ

A Halal Guys

清真美食／別冊MAP●P24B4

伊斯蘭美食的行動餐車。總是擠滿附近的上班族，生意很好。

DATA 時Ⓗ紐約市中心希爾頓酒店前(→P123)10時～翌5時 休無休 URL 53rdand6th.com/

B Patty's Taco

墨西哥塔可／別冊MAP●P14A4

有淋上香辣帶勁的莎莎醬的牛舌塔可和玉米餅等，可以品嘗到道地墨西哥風味的塔可餅攤販。

DATA 時11～16時 休無休

C Wafels & Dinges

格子鬆餅／別冊MAP●P21A3

加入珍珠糖的列日鬆餅和外層酥脆的比利時鬆餅很受歡迎。

DATA 時8～21時左右 休無休
URL www.wafelsanddinges.com/#

D The Squeeze

果汁／別冊MAP●P21A3

使用特殊的果汁機，販賣的果汁在榨汁時不會破壞水果中的維生素。

DATA 時7～21時
休無休
URL twitter.com/TheSqueezeTruck

E Yogo

優格霜淇淋／別冊MAP●P23D2

香滑又綿密的優格霜淇淋專賣店。以莓果類的口味為主。

DATA 時46 St. & Park Ave.為10～21時左右 休雨天
URL twitter.com/yogo_nyc

F Van Leeuwen Artisan Ice Cream

冰淇淋／別冊MAP●P18A2

販賣只用新鮮的牛奶和奶油、蔗糖、蛋黃製成的冰淇淋。

DATA 時12～18時 休冬天
URL www.vanleeuwenicecream.com/

行動餐車攤販沒有固定的店面，採移動方式營業，因此也可能沒有出現在別冊MAP上標示的地點。
各店都會在Twitter等處發布最新的擺攤地點，也別忘了確認一下。

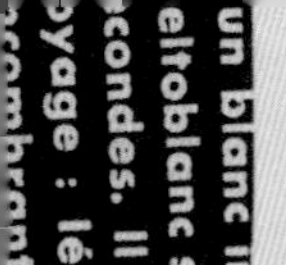

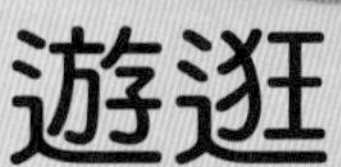

遊逛

高聳入雲的摩天大樓、

鑄鐵藝術的美麗建築物、

隨興地畫在街頭巷尾的塗鴉藝術、

漫步紐約街頭，尋找如詩如畫的風景。

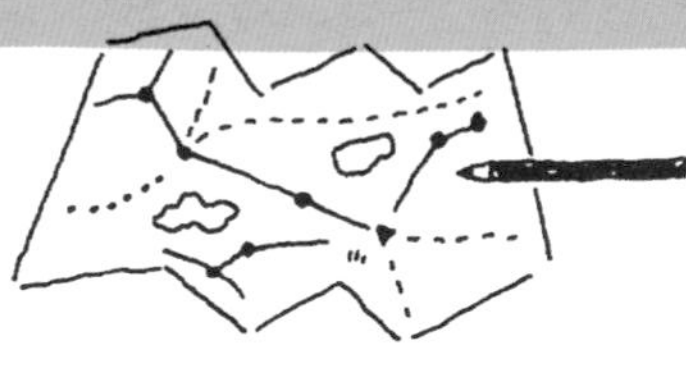

非看不可！

美國的象徵 自由女神

不單只是紐約的地標，自由女神也可說是美國的象徵。
難得來到紐約一趟，不妨從裡到外好好地把女神像探索一遍。

自由女神 Statue of Liberty

象徵著自由與民主主義的女神像

為了紀念美國獨立100週年，由法國致贈的雕像。自1874年起花了10年的歲月才完成，分成約350個零件，用船運送到紐約。矗立在離曼哈頓的南端船程約10分鐘的自由島上，也可以上島參觀。1984年登錄為世界遺產。

※唯有參加Statue Cruises公司的行程才能登上自由島。詳情參照右述。也可上官方網站購票。
URL www.statuecruises.com

從海上欣賞

沒有時間登上自由島的人，建議搭乘水上計程車或郵輪。也可以從正面拍攝女神的全身像，親眼見證自由女神高大的倩影。

從海上也可以充分地欣賞全貌。船的右側視野較佳

遊樂方法 ❷

上岸欣賞

如果想要近距離欣賞女神像，不妨登上自由島。看起來逐漸放大的身影令人感動。渡輪是在曼哈頓南端的砲台公園起訖。

上岸的步驟

1 售票處在砲台公園內的柯林頓城堡。利用城市通行證或上網購票時，都需持兌換券。

2 在搭乘處接受安全檢查後就可以上船了。可能會被要求出示護照。

3 如果想要在船上欣賞風景，請前往2樓或3樓的甲板座位。從船的右側比較容易看到女神像。

4 前往自由島是10分鐘左右的船程。不妨從各種不同的角度仰望自由女神像。也可以進到基座內的博物館和觀景台。

Statue Cruise

別冊MAP●P4B4

行駛於砲台公園、自由島、艾利斯島的渡輪。包含在艾利斯島停泊的時間在內，需時50分鐘左右。每15～20分1班。

DATA ㊋渡輪搭乘處:Ⓜ1線SOUTH FERRY站步行3分 ☎(1-212)363-3200 ㊕砲台公園發：8時30分～16時30分、自由島發：8時52分～18時15分(視季節而異) ㊡無休 ㊎$18

潛入女神像的內部！

位於基座內的博物館及觀景樓層的入場費用包含在郵輪的費用裡面。進一步登上皇冠部分的Crown Ticket＄21，很早之前就會預約額滿。

設置在女神內部的原始火炬

皇冠內的樣子

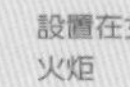

泰迪熊＄9.99、英文字母鑰匙圈＄4.99

從砲台公園的搭乘處（別冊MAP●P5C4）有免費的渡輪開往位在曼哈頓南方的史坦頓島，可以從船上眺望女神像。㊕15～60分1班，24小時行駛。單程需時約25分。

火炬

貼著24K純金的金箔，象徵著希望。在1984～86年的整修工程時換成新的火炬，建成當時的原始火炬則展示在基座的大廳裡。過去也曾經當成燈塔使用。

背面

可以看到右腳的後腳跟微微提起。建造當時曾經把進入女神像的入口設在這裡。

基座

這個部分是由美國製作的。內部現為博物館，可以順著螺旋階梯登上觀景台。

皇冠

7個角代表7道光芒，象徵自由照耀7大洋和7大洲。角的長度為3.7公尺。內部現為觀景台。

臉

據說模特兒是作者巴特勒迪的母親。在1886年的揭幕儀式上，由巴特勒迪親手掀開蓋在女神臉上的法國國旗。

左手＋獨立宣言

手裡捧著長達7.19公尺的銅板獨立宣言。封面上刻著文獻採用的獨立日期「1776年7月4日」。

左腳

往前跨出1步的左腳下踩著象徵奴隸制度與專制政治的腳鐐。不是光腳，而是穿著涼鞋。

高度
46.05公尺
（加上基座為93公尺）

作者
弗雷德里克．奧古斯特．巴特勒迪

落成年
1884年
（抵達紐約）

揭幕式
1886年

自由女神Q&A

Q. 正式名稱是？
雕像的正式名稱是「自由照耀世界」。據說這座身穿長袍的女性雕像代表的是古羅馬神話中象徵自由的女神Libertas。

Q. 是由什麼構成的？
雕像的表面是薄銅板。製作時曾經出現強度不夠的問題，後來由設計出艾菲爾鐵塔的工程師艾菲爾使用鋼鐵製的骨架，解決了這個問題。

Q. 另一座自由女神？
巴黎的塞納河上豎立著四分之一大小的女神像。這是在巴黎的美國人為了紀念法國大革命100週年所贈送的回禮。

燈火輝煌的曼哈頓就在眼前

從2大觀景地點 欣賞百萬夜景

無數的高樓大廈點亮了曼哈頓的夜晚，簡直就像是閃閃動人的珠寶盒。
如果想要欣賞林立著高樓大廈的曼哈頓夜景，紐約最具代表性的觀景地點是最棒的選擇！

1.北側的夜景。大樓群的對面是中央公園　2.白天的風景　3.隔著圍籬方便拍攝

中城　別冊 MAP P9C1

帝國大廈

Empire State Building

曾經是世界最高摩天大樓的紐約象徵

地上102層樓、高443公尺的摩天大樓。1930年3月動工，隔年5月落成，之後長達42年的歲月都是全世界最高的大樓。觀景樓層在86F和102F，是紐約首屈一指的夜景據點，非常有名。

DATA
㊂從ⓂB·D·F·M·N·R·Q線34 ST-HERALD SQ站徒步5分
㊟350 5 Ave.(bet. W.33 & 34 Sts.)　☎(1-212)736-3100
㊒8時～翌2時(最後一班電梯為翌1時15分)　㊡無休
㊎$32(包含語音導覽。搭到102樓要另外收$17)

大樓為莊嚴的裝飾藝術風格。1F的大廳層裝飾著浮雕

事先購票較方便

只要事先上網訂票，就不需要排隊，可以直接進場，非常方便。URL www.esbnyc.com

方便的中文語音導覽

透過中文的語音導覽可以聆聽關於帝國大廈的歷史及風景的解說，也會介紹大廈周圍的景點。

每天變化的燈光秀

大樓頂層色彩鮮艷的燈光每天都會變換顏色。點燈的時間表可以上以下的網站確認。

URL www.esbnyc.com/explore/tower-lights

小小資訊　2014年12月時的紐約高層建築BEST 3（含尖塔），第一名是世界貿易中心1號大樓（541公尺）、第二名是帝國大廈（443公尺）、第三名是美國銀行大廈（366公尺）。

and more… 還有更多！夜景地點

以拍攝夜景出名的還有從布魯克林看到的曼哈頓風景。交通上比較方便的是布魯克林大橋公園（別冊MAP●P15A4）可以將下曼哈頓的高樓大廈和點上燈光的布魯克林大橋一覽無遺。周圍雖然不是太危險的地區，但晚上還是盡量避免一個人前往。

DATA ㊇ⓂA·C線HIGH ST站步行12分

〔拍攝的要領〕最佳時段為日落30分～1小時後／有小型的腳架會比較方便／建議選擇光線量較大的平日

From Top of the Rock

1.南方的夜景，可以清楚看見中城的高樓大廈 2.白天的風景 3.觀景台上也設有望遠鏡

中城 別冊MAP P23C1

峭石之巔
Top of the Rock

帝國大廈近在眼前！也有無防護欄的區域

位於洛克斐勒中心（→P89）正中央的奇異電器大樓頂樓的觀景台。69F和70F皆為觀景樓層，可以盡情欣賞離地259公尺高的曼哈頓風光。壓軸是南側的景色，帝國大廈就聳立在正前方。

1933年落成。高259公尺，為紐約第13高的建築物。中央公園就座落在北側

DATA
㊇ⓂB·D·F·M線47-50 STS-ROCKEFELLER CENTER站步行2分
㊟30 Rockefeller Plaza(at W.50 St.)
☎(1-212)698-2000 ㊋8～24時(最後一班電梯為23時)
㊡無休 ㊎$29

沒有防護欄的觀景台

70F是沒有防護欄的觀景台。特別是在拍攝夜景時，由於不需擔心玻璃反射，非常方便拍攝。只不過，面向南邊的最前一排必須提早去佔位置。

傍晚時人特別多

從玻璃的縫隙裡拍夜景

在拍攝夜景的時候，倘若無法佔到頂樓的好位置，不妨改往有玻璃帷幕的樓層。為了防止光線反射，可以從玻璃之間敞開約10公分左右的縫隙拍攝。

玻璃帷幕的觀景樓層

尋找充滿紐約特色的風景

城市地標巡禮 in 曼哈頓

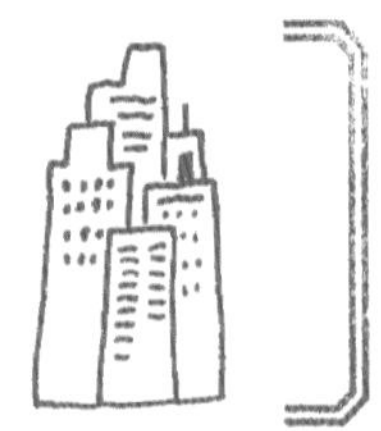

曼哈頓的地標經常出現在電影和電視影集裡。以下列出推薦行程，不妨花上一天，逛逛非去不可的必訪景點。請參考攝影建議拍張紀念照吧！

Walking Route

1 第五大道

步行2分

2 聖派翠克大教堂

步行3分

3 洛克斐勒中心

步行10分

4 時代廣場

步行15分

5 中央車站

地鐵15分

6 華爾街

步行10分

7 911紀念廣場

地鐵3分

8 布魯克林大橋

路線解說

起點為ⓂE・M線5AV/53ST站。在中央車站搭乘Ⓜ4、5線前往WALL ST站。參觀完911紀念廣場之後，再回到同一個車站，搭乘Ⓜ4、5線前往BROOKLYN BRIDGE CITY HALL站。只要依照標示前進，就能看到布魯克林大橋。如果還有時間，不妨到對岸去看看。

1 第五大道 5th Avenue

別冊MAP P25C1～4

摩天大樓雲集的購物天堂

漫步紐約就從洋溢著高級氛圍的第五大道開始逛起。尤其34～59街之間，更是世界級高級名牌精品店林立的繁華地段。包括美國名牌的總店在內，可以欣賞世界一流名店的櫥窗展示，享受逛街的樂趣。

DATA ⓧⓂE‧M線5 AV/53 ST站即到

1.南北貫穿紐約市區中心。大部分的商店都是在10時左右開店　2.路名的指示牌

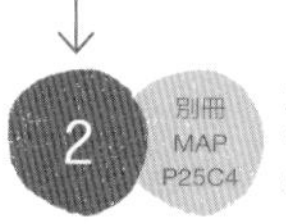

2 聖派翠克大教堂 St. Patrick's Cathedral

別冊MAP P25C4

莊嚴的哥德式殿堂

全美規模最大的天主教教堂，是自1858年起，花費半個世紀興建而成的哥德復興式建築物，如直徑達8公尺的玫瑰窗等，充分地展現了哥德樣式的建築之美。面向第五大道，重達9公噸的青銅正門上雕刻著與紐約有關的聖人們。

DATA ⓧⓂE‧M線5 AV/53 ST站步行3分 ㊟460 Madison Ave.(bet.E.50&51 Sts.) ☎(1-212)753-2261 ㊋6時30分～20時45分 ㊡無休

正面入口正對著第五大道

小小資訊　時代廣場的新年倒數是與寒冷的抗戰。由於人潮會從除夕的中午過後就開始聚集，如果想要佔到好位置，請盡量早一點前往佔位。只不過，請留意附近沒有廁所。

→ 

洛克斐勒中心
Rockefeller Center

位於奇異電器大樓東側的下層廣場在每年10月下旬～4月上旬會變成溜冰場

座落著19棟大樓的複合設施

東西向5～6Ave.、南北向48～51 St.之間，座落著19棟大樓。除峭石之巔的所在的奇異電器大樓以外，還有無線電城音樂廳等景點，總是擠滿了觀光客，熱鬧非凡。設置於11月下旬前後的聖誕樹也非常出名。

DATA 交Ⓜ B·D·F·M線47-50STS-ROCKEFELLER CENTER站即到 ☎(1-212)332-6868

攝影Advice
欲拍攝奇異電器大樓，建議可由下層廣場東側的5 Ave.取景。隔著步道還可以拍到大樓的屋頂。

1.春～秋在下層廣場的餐廳&酒吧會營業　2.保爾·曼希普的作品『普羅米修斯像』

也別錯過這裡！

無線電城音樂廳
Radio City Music Hall
別冊MAP P24B4

同時也是東尼獎的頒獎典禮會場，是一座歷史悠久的劇場。可以容納約6000人，為全美規模最大的劇場，也是全美的娛樂業界人士憧憬的聖地。也提供參觀內部的行程。

DATA 交Ⓜ B·D·F·M線47-50STS/ROCKEFELLER CENTER站步行1分 住1260 6 Ave.(bet. W.50 & W.51 Sts) ☎(1-212)247-4777 ●參觀行程時10～17時 休不定休 金$24

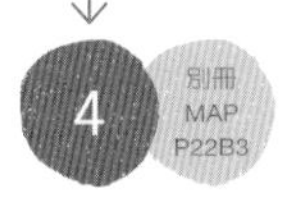

時代廣場
Times Square

劇場如雲的紐約娛樂中心

百老匯大道和7 Ave.、W.42 St.圍起的三角形廣場，據說也是全美國最多觀光客的地方。廣場四周的大樓外牆上妝點著繽紛炫目的廣告看板和大螢幕等，新年的倒數也非常有名。時代廣場到深夜都還很熱鬧，也是非常受歡迎的夜景拍攝地點。

DATA 交Ⓜ 1·2·3·7·N·Q·R線TIMES SQ-42ST站即到

1.也被稱為是「世界的十字路口」
2.tkts的階梯狀屋頂

攝影Advice
在tkts（→P113）的階梯狀屋頂上可以將整個廣場盡收於眼底。晚上也很明亮，因此直接手持拍攝也沒有問題，但是如果有腳架會拍得更好。由於人潮熙來攘往，請小心扒手、小偷。

5 別冊MAP P23D2 中央車站
Grand Central Terminal

還看得到鐵路全盛期的影子

曼哈頓3大火車總站之一，擁有最大的規模。1871年啓用，1913年改建成現在的布雜藝術風格。千萬別錯過用多達2500顆燈泡描繪出星空的候車大廳天花板。地下還有美食街。

DATA ㊂Ⓜ4·5·6·7·S線GRAND CENTRAL / 42 ST站即到

1.寬敞的候車大廳　2.42街側的正面入口

攝影Advice
如果想要拍下整個候車大廳，位於東西兩側的樓梯上的露台是最佳拍攝地點。

2

除了是金融區，同時也是觀光名勝，因此白天也有很多觀光客

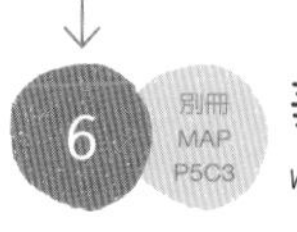

6 別冊MAP P5C3 華爾街
Wall Street

成為無數歷史舞台的美國經濟重鎮

銀行和證券業等各種金融機構齊聚一堂，扮演相當於世界經濟中心的角色。除了是1929年華爾街股災等歷史性事件的舞台，也經常出現在電影裡。通勤時段可以看見昂首闊步的商務人士，還有眾多觀光客的身影。

DATA ㊂ⓂJ·Z線BROAD ST站即到

也別錯過這裡！

聯邦大廳
Federal Hall
別冊MAP P5C3

1789年，美國第一任總統華盛頓在此發表就職演說。現在的建築原是1842年興建做為海關之用。內部是展示美利堅合眾國成立前後文物的紀念館。

DATA ㊂ⓂJ·Z線BROAD ST站即到 ㊟26 Wall St.(bet. Nassau & William Sts.) ☎(1-212)825-6990 ㊕9～17時 ㊡週六、日 ㊎免費

紐約證券交易所
New York Stock Exchange
別冊MAP P4B3

開設於1792的交易所。目前大約有2800家上市公司，平日會在這裡進行證券交易。目前不開放參觀內部。

DATA ㊂ⓂJ·Z線BROAD ST站步行1分 ㊟20 Broad St.(bet. Wall St. & Exchange Pl.)

外形獨特的地標　在大樓林立的曼哈頓大放異彩的地標們。

熨斗大樓
Flatiron Building　別冊MAP●P21A2

1902年完工。矗立在第五大道和百老匯大道的十字路口，三角柱的形狀非常特殊。由芝加哥的建築師伯恩罕所設計，是知名的早期鋼筋建築之一。高87公尺。

DATA ㊂ⓂN·R線23ST站即到
㊟175 5 Ave.(Cnr. of E.23 St.)

克萊斯勒大廈
Chrysler Building　別冊MAP●P23D3

1930年完工。原先是建造為克萊斯勒公司大樓的裝飾藝術風格建築。320公尺的高度在當時是世界第一高樓。

DATA ㊂Ⓜ4·5·6·7·S線GRAND CENTRAL / 42 ST站步行3分 ㊟405 Lexington Ave.(bet. E.42 & 43 Sts.)

小小資訊　911紀念廣場周邊陸續建起新的超高層大樓。除了2006年完工的世界貿易中心7號大樓，還有5棟大樓陸續在2013年～2015年開幕。

911紀念廣場
9/11 Memorial

傳承事件記憶的新景點

2001年9月11日美國同時發生的多起恐怖攻擊，在事件中倒塌的世界貿易中心原址上建立起紀念水池。周邊持續進行大樓等建築的重建工程，展示當時多起恐怖攻擊事件遺物等的博物館「911紀念館」於2014年5月開幕。

DATA ⊗Ⓜ1·R線RECTOR ST站步行3分 ㊟Cnr. of Albany & Greenwich Sts.(入口) ☎(1-212)262-5211 ㊕7時30分～21時 ㊡無休 ㊎免費(接受捐款) URL www.911memorial.org/

911紀念館
9/11 Memorial Museum
㊟911紀念廣場內 ☎(1-212)266-5211 ㊕9～20時(週五、六為～21時) ㊡無休 ㊎$24(每週二17時～免費)

紀念水池共有南北2座，上頭刻著罹難者的姓名

也別錯過這裡！

911紀念館商店／預覽廳
9/11 Memorial Museum Store／Preview Site
別冊MAP P4B2

位於911紀念廣場的出口附近，販賣紀念品。而在預覽廳裡則展示著一部分恐怖攻擊的遺物。

DATA ⊗Ⓜ2·3·4·5·A·C·J·Z線FULTON ST站步行3分 ㊟20 Vesey St.(bet. Broadway & Church St.) ☎(1-212)225-1009 ㊕9～20時 ㊡無休

布魯克林大橋
Brooklyn Bridge

攝影Advice
想要拍進橋樑對岸的曼哈頓高樓大廈群，在順光的中午前拍攝較佳。此時建議由布魯克林側開始走。

切勿錯過幾何線條的鋼索吊橋

連結曼哈頓與布魯克林的大橋。完成於1883年，是全世界第一座用鋼索懸吊的吊橋，因其美麗的幾何學圖案，又被稱為「鋼鐵豎琴」。在可以徒步通行的大橋上，可以看到曼哈頓的摩天大樓。

DATA 從曼哈頓側:⊗Ⓜ4·5·6線BROOKLYN BRIDGE CITY HALL站步行1分
從布魯克林側:⊗ⓂA·C線HIGH ST站、F線YORK ST站步行5分。大橋和Prospect St.交會的地方有上橋的樓梯。

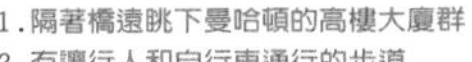
1.隔著橋遠眺下曼哈頓的高樓大廈群
2.有讓行人和自行車通行的步道

大都會人壽大樓
Metlife Building 別冊MAP●P23D2

1963年落成，原本是泛美航空的總部大樓。當時是全世界最大的商業大樓，還曾被嘲諷「切割了紐約的天空」。

DATA ⊗Ⓜ4·5·6·7·S線GRAND CENTRAL / 42 ST站即到 ㊟200 Park Ave. (bet. E.44 & 45 Sts.)

世界貿易中心1號大樓
One World Trade Center 別冊MAP●P4B2

建設為新的世界貿易中心的超高層大樓。地上104層樓，含尖塔的高度為541公尺，原本預定將成為全球最高的大樓，卻因為計畫延遲，沒能成為世界第一。2014年11月3日正式啟用。

DATA ⊗Ⓜ2·3線PARK PL站步行5分

暢遊高級精品店和博物館

中央公園周邊

精品店及美術館林立的上流階層地段。尤其東側更是紐約首屈一指的高級住宅區。

這裡也要Check！
○中央公園…P26　○大都會藝術博物館…P104　○美國自然史博物館…P110
○古柏惠特設計美術館…P111　○所羅門・R・古根漢美術館…P110　○弗立克收藏館…P111

別冊 MAP P24A2

時代華納中心
Time Warner Center

俯瞰中央公園的雙子星大廈

正對著哥倫布圓環的巨型複合設施，世界一流品牌及美國的名牌、高檔餐廳、酒吧等約有50家店進駐。雙子星大廈的高度達229公尺，還有飯店「文華東方酒店」、「林肯中心爵士樂廳」（→P118）等眾所矚目的焦點。

DATA ㊋Ⓜ1・A・B・C・D線59 ST-COLUMBUS CIRCLE站即到 ㊟10 Columbus Circle ☎(1-212)823-6300 ㊗10～21時(週日11～19時，視店舗而異) ㊡無休

1.挑高的商場內有不少流行服飾和日用品等的人氣店家　2.玻璃帷幕的雙子星大廈非常搶眼

別冊 MAP P12B2

達科塔公寓
Dakota Apartment

眾多名人曾住過的著名公寓

自1884年建設以來，有無數的藝術家及名流們都曾經住在這裡。1980年，當時的住戶約翰・藍儂在這棟公寓的大門口被歌迷槍殺的憾事也非常有名。

DATA ㊋ⓂB・C線72ST站即到
㊟1 W.72 St.(at Central Park West)
※內部不開放參觀

別冊 MAP P12B2

紐約歷史學會
New York Historical Society

網羅紐約的歷史

紐約市最古老的博物館之一。展示著繪畫及家具、骨董品等珍貴的歷史資料。也會定期地舉辦企畫展。

DATA ㊋ⓂB・C線81ST-MUSEUM OF NATURAL HISTORY站步行3分 ㊟170 Central Park West(bet. W.76 & W.77 Sts.) ☎(1-212)873-3400 ㊗10～18時(週五～20時，週日11～17時) ㊡週一 ㊎$15

別冊 MAP P14A3

猶太博物館
The Jewish Museum

珍貴的猶太藝術寶庫

透過繪畫及馬賽克、銀器等美術品，來介紹猶太人的文化與歷史。也有很多非常有趣的企畫展，例如猶太作家的回顧展等。

DATA ㊋從Ⓜ6線96 ST站步行10分 ㊟1109 5 Ave.(at E.92 St.) ☎(1-212)423-3200 ㊗11時～17時45分(週四～20時，週五～16時) ㊡週三 ㊎$15(週四17時～採樂捐制，週六則免費)

Check！ 博物館大道

在中央公園的東側南北縱走的第五大道上，從82到105 St.之間林立著10家左右的美術館，稱之為博物館大道Museum Mile(別冊MAP●P14A2)。每年6月的第2週二會舉行博物館大道慶典，美術館在18～21時可免費入館。

距離實際上超過1英哩

小小資訊 展示20世紀美國藝術的惠特尼藝術館WhitneyMuseum of American Art遷移場所之後，已於2015年5月1日重新開幕。（DATA）㊟99 Gansevoort St.　☎（1-212）570-3600　別冊MAP●P20A4

別冊 MAP P14A4

Café Sabarsky

知識份子的社交場所

位於新藝廊內的維也納風格咖啡館。店內擺放著營造出時代氛圍的家具，可以在靜謐空間，享用餐點和飲料。餐點＄20～。

DATA ㊋Ⓜ4·5·6線86 ST站步行6分 ㊟新藝廊內(→P111) ☎(1-212)288-0665 ㊛9～21時(週一、三～18時) ㊡週二

別冊 MAP P12A2

Levain Bakery

外層酥脆內裡濕潤的餅乾

位於閑靜住宅區的半地下室，是一家小型的麵包店。有長棍麵包及司康等麵包，其中賣得最好的是4種餅乾。全都是外層酥脆爽口、裡頭濕潤紮實的口感，而且份量也很驚人。店內還有吧台座位，也販賣著店家自己設計的T恤和托特包。

DATA ㊋Ⓜ1·2·3線72 ST站步行3分 ㊟167 W.74 St.(bet. Amsterdam & Columbus Ave.) ☎(1-212)874-6080 ㊛8～19時(週日9時～) ㊡無休

1.巧克力脆片核桃餅乾（前方）裡加入了滿滿的巧克力＄4～　2.走下樓梯就會進到瀰漫著甜甜香味的店內

別冊 MAP P12A3

Telepan

善用當令食材的美式餐廳

前往法國的名店學習廚藝，後來又在好幾家餐廳裡大顯身手的主廚比爾．泰勒潘所呈獻的新美式餐廳。可以搭配各國的葡萄酒一起品嘗發揮食材本身美味的清爽料理。甜點也很受歡迎。

DATA ㊋Ⓜ1線66 ST-LINCOLN CENTER站步行4分 ㊟72 W.69 St.(bet. Central Park West & Colunbus Ave.) ☎(1-212)580-4300 ㊛11時30分～14時30分、17～22時(視星期幾而異) ㊡無休 ※需預約，有著裝規定

別冊 MAP P13D4

Alice's Tea Cup

彷彿闖進童話的世界裡

以『愛麗絲夢遊仙境』的世界為主題的茶館。可以搭配50種以上的紅茶一起享用格子鬆餅及司康、美式鬆餅等甜點。下午茶套餐等組合＄25～。11時以前提供的早餐菜單和週末15時以前提供的早午餐菜單也很豐盛。

DATA ㊋ⓂF線LEXINGTON AV/63 ST站即到 ㊟156 E.64 St.(at Lexington Ave.) ☎(1-212)486-9200 ㊛8～20時 ㊡無休

1.仙境鬆餅為＄10～。下午茶等套餐菜單也很受歡迎
2.室內裝潢擺設非常可愛

別冊 MAP P13D2

J. G. Melon

充滿瓜果的酒吧&餐廳

店內的各個角落都裝飾著哈密瓜及西瓜的擺設品，非常有名的店。培根起司漢堡等招牌漢堡為＄10.75～。啤酒＄4.50～等飲料也有很多選擇。

DATA ㊋Ⓜ6線77 ST站步行4分 ㊟1291 3 Ave.(at E.74 St.) ☎(1-212)744-0585 ㊛11時30分～翌3時(週五、六～翌4時) ㊡無休

1.龍蝦義大利麵＄32等。4道菜的嘗鮮菜單為＄85～　2.寬敞又有品味的店內

娛樂活動繁多，紐約的心臟地帶

聳立著摩天大樓的中城

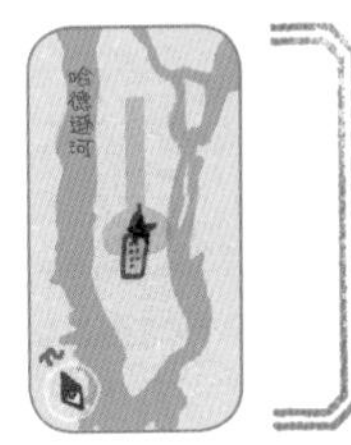

從逛街購物到音樂劇，中城充滿令人期待的事物。東側是紐約首屈一指的商業區。

這裡也要Check！ ◯THE RIDE…P18 ◯帝國大廈…P86 ◯峭石之巔…P87 ◯時代廣場…P89 ◯中央車站…P90 ◯現代藝術博物館…P108 ◯百老匯音樂劇…P112

別冊 MAP P2B2

聯合國總部

The United Nations Headquarters

可以親眼見識聯合國的工作

第2次世界大戰後成立的聯合國總部，由4棟建築構成。只要報名行程，即可參觀聯合國總會等的議事堂。

DATA 交Ⓜ4·5·6·7·S線GRAND CENTRAL-42 ST站步行10分 住1 Ave.(bet. E.42 & 48 Sts.) [行程]☎(1-212)963-8687 時9時15分～16時15分 休週六、日 金$18※需事先上網預約。也提供中文行程URL visit.un.org/

1.前面的建築物是總會大樓。入館時要接受嚴格的安全檢查 2.館內還有商店和郵局

別冊 MAP P25C3

Polo Ralph Lauren

Polo的第一家大型旗艦店

Ralph Lauren的第一家Polo大型旗艦店，在2014年9月盛大開幕。在由3個樓層構成的店內，1F為男裝，2F是Polo首次推出的女裝產品線，3F則是丹寧類的樓層。2F還有Ralph Lauren初次引進的咖啡廳，可以品嘗到各種飲料及輕食。

DATA 交從ⓂE·M線5 AV/53 ST站步行3分 住711 5 Ave.(at E.55 St.) ☎(1-646)774-3900 時10～20時 休無休

1.沿用了歷史性的建築物，總樓層面積達3200平方公尺以上 2.明亮的開放式咖啡廳讓人想過去坐一下

別冊 MAP P23D2

J. Crew

休閒兼具高雅的紐約名牌

誕生自紐約的老字號品牌在市區最大的門市。以簡單大方卻又不失高級感的設計大受歡迎，商品種類繁多，有服飾及皮包、童裝等。

DATA 交Ⓜ4·5·6·7·S線GRAND CENTRAL-42 ST站步行5分 住347 Madison Ave.(at E.45 St.) ☎(1-212)949-0570 時10～20時(週六～19時，週日11～18時) 休無休

別冊 MAP P9C3

Bed Bath & Beyond

高品質的生活用品應有盡有

1971年創業的大型生活用品店。在美國各地拓展連鎖店，在國內也有一定的知名度。販售寢具和衛浴用品、廚房用品等。

DATA 交ⓂF·M線23 ST站步行5分 住620 6 Ave.(bet. 18 & 19 Sts.) ☎(1-212)255-3550 時8～21時 休無休

小小知識 羅斯福島（別冊MAP●P2C2）在曼哈頓的東側，是座落在東河上的狹長小島。和曼哈頓以懸掛在空中的纜車連結，是很有名的看夜景好去處。

別冊 MAP P24B3

Carnegie Deli

欣賞音樂劇前的用餐好去處

1937年創業的老字號熟食店。離劇場區很近，氣氛輕鬆休閒的店裡，牆壁上掛滿演員及音樂人的照片。從早晨營業到深夜，早餐及三明治、漢堡等餐點琳瑯滿目，應有盡有，因此可輕鬆應用於各種場合。

DATA 交ⓂB·D·E線7 AV站步行2分 住854 7 Ave.(at W.55 St.) ☎(1-212)757-2245 時6時30分～翌2時 休無休

1.份量十足的煙燻牛肉三明治＄17.99 2.氣氛輕鬆休閒的店內。欣賞牆壁上的照片也很有趣

別冊 MAP P23D2

Grand Central Oyster Bar

講究的極品生蠔

位於中央車站內，1913年創業的老字號生蠔吧。寬敞的店內配置著馬蹄型的吧台，除了有從全美各地進貨的生蠔以外，還可以品嘗到各式各樣的海鮮。招牌菜新英格蘭蛤蜊巧達濃湯＄6.95也請務必一嘗。也有桌席。

DATA 交Ⓜ4·5·6·7·S線GRAND CENTRAL站內 住89 E.42 St.(Grand Central Terminal) ☎(1-212)490-6650 時11時30分～21時30分 休週日

1.生蠔共有30種以上，1個＄2～。也提供拼盤 2.開店後馬上就會客滿的熱門店

別冊 MAP P25C4

Burger Heaven

使用優質牛肉的傳統漢堡

擁有70年歷史的漢堡店。使用了頂級牛肉，美味多汁的漢堡＄8.95～。沙拉等的副餐菜單也很豐盛。

DATA 交ⓂE·M線5 AV/53 ST站即到 住9 E.53 St.(bet. 5 & Madison Ave.) ☎(1-212)752-0340 時7時～19時30分(週六8時～17時45分，週日9時30分～16時30分) 休無休

別冊 MAP P9C2

Hill Country Chicken

鮮嫩多汁的炸雞

對食材非常講究的德州炸雞專賣店。重現家常配方的炸雞1塊＄2.25～。10種以上的甜點派＄4.25～也很受歡迎。

DATA 交ⓂN·R線23 ST站步行3分 住1123 Broadway(at W.25 St.) ☎(1-212)257-6446 時11～22時(週六、日8時～) 休無休

別冊 MAP P11C4

Cho Dang Gol

自製的豆腐風味十分道地

位於韓國城的熱門韓國菜餐館。以使用了自製豆腐的餐點非常有名，豆腐鍋等熱騰騰的鍋類餐點為＄11.95～。也很推薦來此午餐。

DATA 交ⓂB·D·F·M·N·Q·R線34 ST-HERALD SQ站步行2分 住55 W.35 St.(bet. 5 & 6 Ave.) ☎(1-212)695-8222 時11時30分～21時50分 休無休

Check 第五大道的名牌精品店

人稱第五大道的5 Ave.（別冊MAP●P25C1～4）是兩側開滿商店的購物天堂。尤其是51 St.和59St.之間，林立著世界知名的高級名牌和老字號的百貨公司。在這地區光是以名媛的心境只逛不買也很有趣。

紐約客及觀光客來來去去，一整天都車水馬龍的街道

遊逛 中城

高敏銳度的時尚城區

聯合廣場、雀兒喜、格林威治村周邊

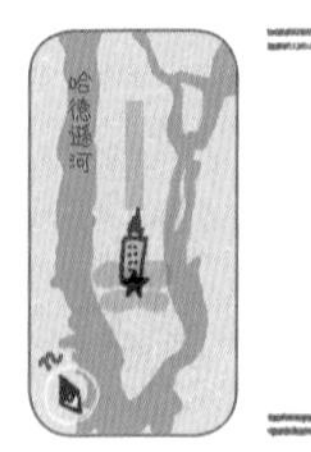

深受文化人喜愛的格林威治村與保留歷史悠久街道的雀兒喜、聯合廣場一帶。

這裡也要Check！ ○高線公園…P28 ○雀兒喜市場…P34 ○Caffe Reggio…P72 ○Magnolia Bakery…P74 ○Village Vanguard…P118 ○Blue Note…P119

別冊 MAP P21A4

聯合廣場
Union Square

最適合散步的公園

開設於1832年的公園。是地鐵路線匯集的交通要衝，同時也是附近居民的休閒場所。園內豎立著林肯及華盛頓的雕像。每週舉辦4次的綠色市集（→P35）非常受歡迎。

DATA ⓧⓂ4·5·6·L·N·Q·R線14 ST-UNION SQ站步行1分

別冊 MAP P21B2

格拉梅西公園
Gramercy Park

紐約僅存的唯一一座私人公園

公園位在過去多位名人居住過的高級住宅區中心。四周架設了一圈圍籬，以往僅周邊房地產所有權人才能進入公園，不過自2014年12月起已對外開放。

DATA ⓧⓂ6線23 ST站步行5分

別冊 MAP P6B1

華盛頓廣場
Washington Square

以白色拱門為標記的休憩廣場

位於廣場北側的拱門是為了紀念華盛頓總統就任100週年而建造的。中央有噴水池，成為在附近通勤的學生及商務人士、一家大小聚集的市民休閒場所。

DATA ⓧⓂA·B·C·D·E·F·M線W4 ST-WASH SQ站步行2分

別冊 MAP P21A2

老羅斯福故居
Theodore Roosevelt Birthplace

總統小時候住過的地方

第26任總統一直住到14歲的房子。內部現已做為紀念館，只要參加導覽行程，就能參觀還保持當時模樣的家具和擺設。

DATA ⓧⓂ6·N·R線23 ST站步行5分 ㊟28 E.20 St.(bet. Park Ave. South & Broadway) ☎(1-212)260-1616 ㊰9～17時 ㊡週日、一 ㊎免費

別冊 MAP P9D4

Strand Bookstore

聲名傳遍全美的知名書店

1927年創業。店內從最新的平裝書到漫畫、二手書等，緊密地陳列著多達200萬本書籍。以二手書的買賣來說，號稱是全美最大規模。也販賣環保袋和托特包、T恤、文具等該店原創的商品，尤其是帆布材質的托特包很耐用，是該店的熱賣商品。

DATA ⓧⓂ4·5·6·L·N·Q·R線14 ST-UNION SQ站步行3分 ㊟828 Broadway(at E.12 St.) ☎(1-212)473-1452 ㊰9時30分～22時30分(週日11時～) ㊡無休

1.可以裝一大堆書的托特包＄14.95
2.吸引了很多人從遠地前來造訪的知名書店。店頭也販賣著特價商品

小小知識

華盛頓廣場的東側稱之為東村，是有很多俄羅斯及東歐裔移民的地區。
西側是格林威治村，又暱稱為「村子」，酒吧及爵士俱樂部雲集，直到三更半夜都還很熱鬧。

Bookmarc

由馬克・賈伯一手打造的書店

由曾身為LV的設計師，名氣響叮噹的馬克・賈伯一手打造的新型態書店。小巧的店內陳列著藝術書等視覺設計非常漂亮的書。鍊墜及筆等獨家設計的雜貨也很受歡迎。

DATA ⓧⓂ1線CHRISTOPHER ST-SHERIDAN SQ站步行7分 ㊟400 Bleecker St.(at W.11 St.) ☎(1-212)620-4021 ㊕11～20時 ㊡無休

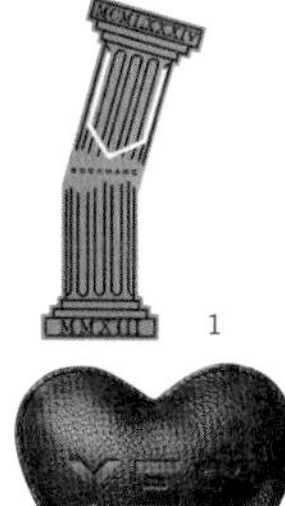

1.書籤＄16 2.紙鎮＄16 3.位於Magnolia Bakery（→P74）的對面

Union Square Cafe

氣氛雖然輕鬆，但餐點可不馬虎

就位在聯合廣場的旁邊，獲獎無數的美國菜餐廳。堅持採用在地食材，以新鮮的材料精心烹調的餐點看起來也賞心悅目。美國和法國等地產的葡萄酒酒單也很豐富，還可以淺嘗杯裝的葡萄酒＄9～。

DATA ⓧⓂ4·5·6·L·N·Q·R線14 ST-UNION SQ站步行3分 ㊟21 E. 16 St.(bet. 5 Ave. & Broadway)☎(1-212)243-4020 ㊕12～22時(週五～23時，週六11～23時，週日為11時～) ㊡無休 需預約

1.細緻的餐點為主餐＄29～、義大利麵＄17～ 2.明亮又輕鬆休閒的氣氛。不妨盛裝前往

Gramercy Tavern

深受美食家支持的新型態美式餐廳

由麥克・安東尼掌廚的餐點，全都是貫注了主廚感性的新型態美國菜。餐廳也提供＄102～的嘗鮮菜單。

DATA ⓧⓂ6·N·R線23 ST站步行5分 ㊟42 E.20 St.(bet. Park Ave. South & Broadway) ☎(1-212)477-0777 ㊕12～23時(週五、六為～24時) ㊡無休 包廂需訂位

Smalls Jazz Club

輕鬆地欣賞爵士樂

貝蒂・卡特等明星輩出的爵士俱樂部。不需要訂位，所以可以輕鬆地欣賞到正統的爵士樂。請上官網確認演出的音樂家。

DATA ⓧⓂ1線CHRISTOPHER ST-SHERIDAN SQ站即到 ㊟183 W.10 St.(bet. W.4 St. & 7 Ave.) ☎(1-212)252-5091 ㊕16時～翌4時 ㊡無休 ㊎$20(0時30分以後為$10)

Pure Food & Wine

對身體有益的純素美食

提供在48度以下烹調的純素菜單。巧妙地將有機食材加以變化的餐點為午餐＄30～、晚餐＄40～。有機的葡萄酒也一應俱全。

DATA ⓧⓂ4·5·6·L·N·Q·R線14 ST-UNION SQ站步行5分㊟54 Irving Pl.(bet. E.17 & E.18 Sts.) ☎(1-212)477-1010 ㊕12～16時、17時30分～23時 ㊡無休

Check 雀兒喜的藝廊特區

第10大道和第11大道、W.18 St.與W.27 St.的10個街區左右的地區聚集著300家以上的藝廊。由於所有店裡賣的東西都可以免費參觀，可以輕鬆地前往。以下是特別推薦的藝廊。

Gagosian（名符其實的世界第一。村上隆在籍）別冊MAP●P8A2、P20A1

Pace（奈良美智、杉本博司在籍）別冊MAP●P8A2內的3個地方

David Zwirner（草間彌生、河原溫在籍）別冊MAP●P8A3、P20A2

這裡可以看到最新潮的紐約

享受逛街的樂趣 蘇活區＆諾利塔

新銳藝術家的精品店雲集的購物天堂。也可以找到非常別緻的小東西。

這裡也要Check！ ○rag & bone…P40 ○Marc Jacobs…P41 ○Derek Lam 10 Crosby…P41 ○Kate's Paperie…P51 ○Dean & DeLuca…P56

別冊MAP P18B4 Michele Varian

從飾品到家具等個性派雜貨一應俱全

該精品店專營蒐集自各地的室內雜貨。店內是隨興地擺放著家具、餐具、燈飾、布料等的獨特空間。其中又以絲綢、天鵝絨材質的原創抱枕套的種類最為豐富。

DATA ㊯Ⓜ6·J·N·Q·R·Z線CANAL ST站即到 ㊟27 Howard St.(bet. Broadway & Lafayette St.) ☎(1-212) 343-0033 ㊕11～19時(週六、日～18時) ㊡無休

1.陳列的方式也很有質感。絲綢的抱枕套約＄100上下～
2.以動物為設計主題的彩繪盤子＄48～

別冊MAP P18B4 Opening Ceremony

滿是新穎創意的高敏銳度精品店

進軍全世界，也在台灣展店的知名品牌創始店。4個樓層陳列著女裝、童裝等商品。隔壁的33號是男裝店。

DATA ㊯Ⓜ6·J·N·Q·R·Z線CANAL ST站即到 ㊟35 Howard St.(bet. Broadway & Crosby St.) ☎(1-212) 219-2688 ㊕11～20時(週日12～19時) ㊡無休

別冊MAP P19C2 Only Hearts

充滿女性魅力的商品一應俱全

該內睡衣商店主要販售既性感又充滿女性魅力的紐約製商品。禮服和晚宴服也是該店的重點商品。

DATA ㊯Ⓜ6線SPRING ST站步行4分 ㊟230 Mott St.(bet. Prince & Spring Sts.) ☎(1-212)431-3694 ㊕11時30分～19時30分(週日～18時30分) ㊡無休

別冊MAP P18A2 Tibi

大膽的剪裁及配色為相當受歡迎

由從金融界的女強人變身為設計師的艾米・斯米洛維奇成立。設計概念在於『讓女性充滿自信，光是穿上衣服就能閃耀光芒』。

DATA ㊯ⓂN·R線PRINCE ST站步行5分 ㊟120 Wooster St.(bet. Spring & Prince Sts.) ☎(1-212) 226-5852 ㊕11～19時(週四～20時，週日12～18時) ㊡無休

別冊MAP P18A3 Purl SOHO

手工藝商品琳瑯滿目

以毛線專賣店起家，現在則販售拼布和刺繡等全品項的手工藝商品。也有許多如包包和禮品等的可愛商品。

DATA ㊯Ⓜ6線SPRING ST站步行5分 ㊟459 Broome St.(bet. Green & Mercer Sts.) ☎(1-212)420-8796 ㊕12～19時(週六、日～18時) ㊡無休

小小知識 諾利塔是「North of Little Italy」的簡稱，意指小義大利的北區。紐約的地名有很多這類的簡稱，像翠貝卡是「Traingle Below Canal Street」的簡稱，登波區則是「Down Under the Manhattan Bridge Overpass」的簡稱。

Jacques Torres Chocolate

源自登波區的巧克力店

由法國籍巧克力師傅雅各．托雷斯在2000年開的店。在登波區發跡，花了4年功夫，可以隔著玻璃參觀巧克力製作過程的旗艦店盛大開幕。除了巧克力片和果仁糖之外，也販售餅乾、熱巧克力等商品。

DATA ㊋Ⓜ1線HOUSTON ST1線HOUSTON ST站步行2分 ㊟350 Hudson St.(at Kng St.) ☎(1-212)414-2462 ㊕8時30分～19時(週六9時～，週日10時30分～18時30分) ㊡無休

1.店內也有內用的空間 2.巧克力禮盒12個裝＄19.20，蘋果盒子的糖漬柳橙口味＄12

Marie Belle

宛如藝術品般的甘納許很暢銷

用精選的可可豆製作而成的手工巧克力專賣店。甘納許巧克力的口味有30種以上，表面各自描繪著圖案，看起來就像藝術品一樣。店裡頭設有內用的空間，可以品嘗將巧克力片削成碎末後製成的熱巧克力、巧克力冰沙等飲品。

DATA ㊋ⓂA·C·E線CANAL ST站步行5分 ㊟484 Broome St.(bet. W.Broadway & Wooster St.) ☎(1-212)925-6999 ㊕11～19時(週五～日為～20時) ㊡無休

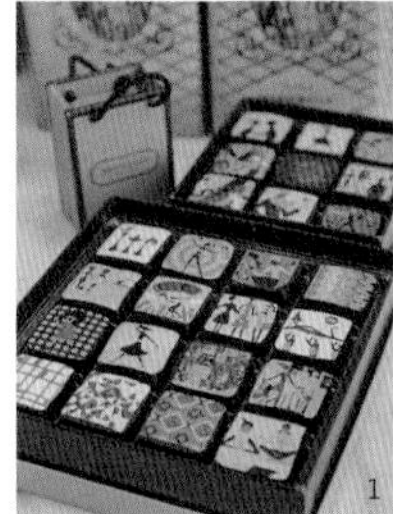

1.熱賣的甘納許巧克力16個裝＄45、9個裝＄28 2.古典的店內瀰漫著甜甜的香味，陳列著各種商品

Loopy Mango

嚴選的各種生活雜貨

家具及骨董、手工藝品等琳瑯滿目的生活雜貨精品店。也有衣服和珠寶等流行單品，全都非常具有質感及品味。

DATA ㊋ⓂA·C·E線CANAL ST站步行4分 ㊟78 Grand St.(bet. Greene & Wooster Sts.) ☎(1-212)343-7425 ㊕11～19時(週日12～18時) ㊡無休

Souen

知名人士也曾光顧的養生餐廳

採用糙米、味噌、羊栖菜、豆漿等食材的養生餐廳。過去約翰．藍儂也曾是座上賓。魚類主餐＄15上下～，也有麵類＄12～等。

DATA ㊋ⓂC·E線SPRING ST站步行2分 ㊟210 6 Ave.(at Prince St.) ☎(1-212)807-7421 ㊕11時30分～22時30分(週六11時～，週日11～22時) ㊡無休

Balthazar

大排長龍的法國菜小餐館

感覺像位在巴黎的街頭，瀰漫巴黎氛圍的小餐館。從海鮮到肉類，菜色也都非常道地。午餐＄30～、晚餐＄40～。需預約。

DATA ㊋Ⓜ6線SPRING ST站步行1分 ㊟80 Spring St.(at Crosby St.) ☎(1-212)965-1414 ㊕7時30分～17時、18～24時(週五、六～翌1時，週日晚上17時30分～) ㊡無休

Cafe Select

從早到晚都可以輕鬆地前往

面對大馬路的小咖啡廳。有沙拉＄6～及三明治＄11～等，從簡單的早餐到晚餐都可以方便地享用。漢堡為＄15～。

DATA ㊋Ⓜ6線SPRING ST站步行1分 ㊟212 Lafayette St.(bet. Spring & Kenmare Sts.) ☎(1-212)925-9322 ㊕8～24時(週六、日9時～) ㊡無休

持續進化的文化發源地

下東區

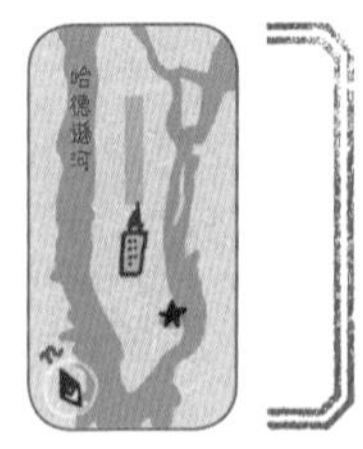

過去曾經是危險的地區，經都市開發搖身一變成為時尚區域。讓人充分地感受到充滿活力的氣氛。

這裡也要Check！ ○Hotel Chantelle…P62 ○Clinton St. Baking Company & Restaurant…P71 ○Sugar Sweet Sunshine Bakery…P74 ○Baby Cakes NYC…P74

別冊 MAP P19D3

移民公寓博物館

Tenement Museum

親身感受移民的生活樣貌

利用各式各樣的資料重現19世紀後半以來，住在公寓裡的移民們的生活模式。可以了解他們的生活樣貌，是間非常特別的博物館。唯有參加導覽行程才能參觀內部，需一定的英語能力。禮品店也很充實。

DATA ㊇ⓂF・J・M・Z線DELANCY ST/ESSEX ST站步行3分 ㊟103 Orchard St.(at Delancy St.) ☎(1-877)975-3786 ㊐10～18時 ㊡無休 ㊎導覽行程$25～

1.德國移民的家庭經營餐館的房間 2.整棟公寓都成了博物館

別冊 MAP P19D2

艾塞克斯街市場

Essex Street Market

自古便是附近居民的廚房

從治安還不穩定的時代起，長達70年以上深受居民喜愛，深入當地生活的市場。從生鮮食品到乾貨，各種食材應有盡有，可說是附近居民的廚房。位在市場一隅的起司店，堅持只賣近年品質顯著提升的美國產起司。全年供應60種以上的起司。

DATA ㊇ⓂF・J・M・Z線DELANCY ST/ESSEX ST站即到 ㊟120 Essex St.(at Delancy St.) ☎(1-212)312-3603 ㊐8～19時(週日10～18時) ㊡無休

1.陳列著各種顏色的蔬菜 2.位於西南角的起司店。向全美的生產者進貨的起司多得令人咋舌

別冊 MAP P19C1

斯佩羅納·偉斯特華特藝廊

Sperone Westwater

由諾曼·福斯特負責設計

1975年開設的藝廊，在這個隨著新當代美術館開幕而成為鎂光燈焦點的區域裡，名聲最為響亮。目前的建築為2010年落成的。

DATA ㊇ⓂF線2 AV站步行2分 ㊟257 Bowery(bet.E.Houston & Stanton Sts.) ☎(1-212)999-7337 ㊐10～18時 ㊡週日、一 ㊎免費

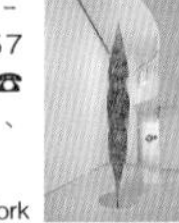

Wim Delvoye Sperone Westwater,New York

Check 有很多猶太裔熟食店的原因

這一帶有許多供應猶太餐和貝果的熟食店。這是因為該區域住著來自各個國家的移民，其中也有很多猶太人在這裡生活。目前看得到的熟食店多半是從當時一直開到現在的店家，甚至也有擁有100年以上歷史的老店。

熟食店將猶太人的文化傳承至今

小小資訊 移民公寓博物館只有英語的導覽行程。有時候也需要和其他的參加者討論，所以必須具備一定的英語能力，才能真正地樂在其中。

別冊 MAP P19D2

Beauty & Essex

在時髦的空間裡品嘗高級的調酒

可以同時享用餐點和飲料的豪華沙發酒吧。下酒小菜等的小盤菜餚種類十分豐富。1道＄10～＄30左右。週末也提供早午餐。

DATA ㊂ⓂF·J·M·Z線DELANCY ST/ESSEX ST站步行3分 ㊟146 Essex St.(bet. Stanton & Rivington Sts.) ☎(1-212)614-0146 ㊋17時～翌1時(早午餐為週六、日11時30分～15時) ㊡無休

別冊 MAP P19C1

Bluebird Coffee Shop

來杯講究的咖啡休息一下

採用嚴選咖啡豆，供應極品咖啡的咖啡廳。使用「Counter Culture Coffee」咖啡豆的濃縮咖啡大受好評。

DATA ㊂ⓂF線2 AV站步行2分 ㊟72 E.1 St.(bet. 1 & 2 Ave.) ☎(1-212)260-1879 ㊋8～19時(週六、日9時～) ㊡無休

別冊 MAP P19D4

The Fat Radish

附近的創作家們常去的餐廳

使用精選的當令食材，以簡單、健康、美味的食物為招牌。午餐為＄10左右～，晚餐為主菜＄20～。週末供應早午餐。需預約。

DATA ㊂從ⓂB·D線GRAND ST站徒步7分 ㊟17 Orchard St.(bet. Hester & Canal Sts.) ☎(1-212)300-4053 ㊋12時～15時30分、17時30分～24時(週日～22時) ㊡週一

別冊 MAP P19D1

Frankie Shop

慵懶又不失優雅

不只有基本的美系服飾，也販售蒐羅自世界各地的單品。除了服飾以外也有鞋子、太陽眼鏡等商品。服飾約＄200上下～。

DATA ㊂ⓂF·J·M·Z線DELANCEY ST/ESSEX ST站步行5分 ㊟100 Stanton St.(bet. Orchard & Ludlow Sts.) ☎(1-212)253-0953 ㊋12～20時(週日～19時) ㊡無休

別冊 MAP P19D1

The Meatball Shop

將肉丸子做成各種風味

在紐約開了6家店面的專賣店。主菜的肉丸子＄8有牛肉和豬肉等5種丸子，可以和蕃茄、奶油等6種醬汁任意搭配，嘗得到各種不同的風味。沙拉及燉飯等副餐菜色為＄5。可以單點的杯裝葡萄酒也只要＄6～，價格非常實惠。

DATA ㊂ⓂF·J·M·Z線DELANCY ST/ESSEX ST站步行7分 ㊟84 Stanton St.(at Allen St.) ☎(1-212)982-8895 ㊋12時～翌2時(週五、六～翌4時) ㊡無休

1.選擇肉丸子搭番茄醬。附佛卡夏麵包 2.呈現木質溫馨感的店內。適合輕鬆用餐的餐館

別冊 MAP P19D3

The Dressing Room

商店&酒吧形成舒適的空間

附設有酒吧的精品店。網羅了紐約近郊的設計師單品，地下室還有復古二手衣的賣場。酒吧的啤酒為＄5～、葡萄酒＄8～，價格十分親民。白天開店，晚上則是酒吧。

DATA ㊂ⓂF·J·M·Z線DELANCY ST/ESSEX ST站步行5分 ㊟75A Orchard St. (bet. Broome & Grand Sts.) ☎(1-212)966-7330 ㊋13～24時(週四～六為～翌2時，週日13時30分～20時) ㊡週一

1.吧台的後面也有桌席 2.商店的氣氛輕鬆休閒。有T恤＄30～、帽子＄60～等商品

轉變成當紅的觀光景點！

在哈林區體驗黑人文化

Harlem/別冊MAP●P15上

自1920年代以後，因為是「黑人文化」的中心而繁盛一時的城區。曾經被視為危險地帶，近年因為都市更新又重新找回了活力。主要街道為125 St.。白天的話地下鐵的125 ST站附近沒有太大的治安問題。晚上很難招到計程車，所以最好不要進入125 St.的北側。

DATA TIMES SQ-42 ST站到Ⓜ2·3線125 ST站約15分。ⓂA·B·C·D線125 ST站也是最近的車站

1.最熱鬧的街道125 St. 2.「Take the "A" Train」的靈感來源車站 3.隨處可見的塗鴉 4.藝術家們的照片Ⓐ 5.炸雞＄27Ⓒ 6.充分體驗黑人文化Ⓑ 7.可以欣賞到福音歌曲的Greater Refuge Temple（別冊MAP ●P15B1）

A 阿波羅劇院
Apollo Theater

別冊MAP●P15A1

建於1913年，前身是歌劇院，1934年起改為劇場。自此以後成為黑人文化的象徵，培育出為數眾多的音樂人。每週三舉辦的業餘之夜，是一躍成為專業歌手的著名舞台。

DATA ㊇Ⓜ2·3線125 ST站步行5分 ㊟253 W. 125 St.(bet. 7 & 8 Ave.) ☎(1-212)531-5300 ㊐㊡㊎視內容而異

B 哈林區工作室美術館
The Studio Museum in Harlem

別冊MAP●P15B1

展示非裔美籍藝術家作品的美術館。除了常設展以外，也會定期舉辦企畫展，展示作品有照片及繪畫等，十分多元。其中呈現人們生活的照片也是講述哈林區歷史的紀錄資料，評價最高。

DATA ㊇Ⓜ2·3線125 ST站步行3分 ㊟144 W. 125 St.(bet. Lenox & 7 Ave.) ☎(1-212)864-4500 ㊐12～21時(週六10～18時，週日～18時) ㊡週一～三 ㊎捐款$7～(週日則免費)

C Red Rooster Harlem

別冊MAP●P15B1

可以品嘗到由實力派主廚推出的創意美食。也會隨時舉辦「拉丁之夜」或「靈魂樂及R&B之夜」等活動。週日的福音歌曲早午餐非常搶手，所以儘早訂位。

DATA ㊇Ⓜ2·3線125 ST站步行1分 ㊟310 Lenox Ave.(bet. W.125 & 126 Sts.) ☎(1-212)792-9001 ㊐11時30分～15時、17時30分～22時30分(週五～23時30分，週六10～15時、17時～23時30分，週日10～15時、17～22時) ㊡無休

如果想更加了解哈林區，建議參加由居住在哈林區20年以上的湯米．富田先生導覽的散步行程。
㊐每週一、二、四、五10～13時 ㊎$45 詳情請上URL tommytomita.com確認。

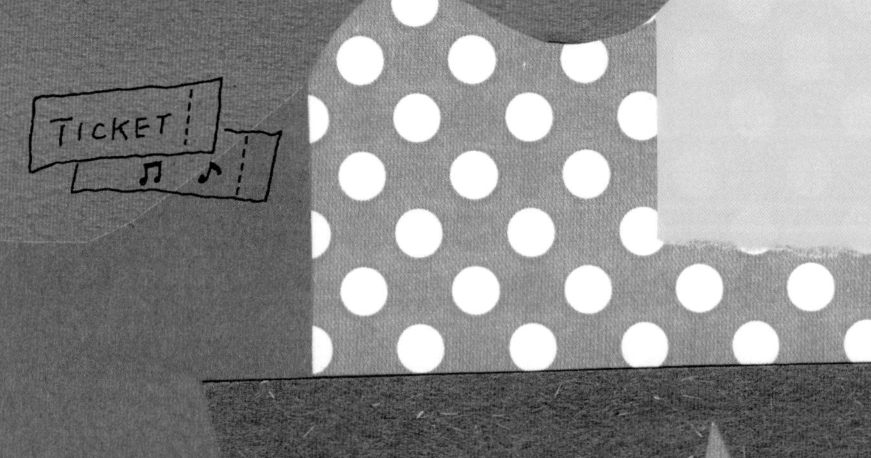

追加行程

在刺激感性的美術館來趟藝術之旅、

在百老匯欣賞音樂劇等，

紐約充滿了會激起求知慾的場所。

愛好戶外活動的人則不妨去看場球賽。

世界四大美術館之一

網羅世界數一數二的名作 大都會藝術博物館

大都會藝術博物館依照主題、時代展示從古至今的作品，號稱是全球面積最大的博物館。不妨事先擬定好屬於自己的鑑賞計畫，有效率地遊逛吧。

1.美術館的正門呈現出莊嚴肅穆的氛圍　2.主入口大廳無時無刻都擠滿了觀光客

入館前 Check

・入口
有2個入口，全都在第五大道上，可以從81 St.或82 St.的十字路口入館。

・樓層地圖和語音導覽
位於大廳的服務處有出借樓層地圖和語音導覽的地方，費用為＄7（週五、六的17時以後為＄5）。

・寄物處
在入口經過行李安檢後，可以把大型的行李寄放在寄物處。

・夜間參觀
每週五、六開到21時。只不過，需留意時間延長的時段總是人山人海。

・館內行程
提供包含中文在內的免費導覽行程，每週舉辦的日期及時間等行程都不一樣，所以請事先確認。如果要參加的話，請在開始時間以前到服務處集合即可。

・參觀方式
由於面積廣大，重點在於要事先把想看的作品篩選到某個程度。時間不足的人，請以知名作品集中的2樓為中心進行鑑賞。

上東區　別冊 MAP P13C1

大都會藝術博物館

The Metropolitan Museum of Art

集結了遍及各個領域的收藏品

1870年在政界有極大影響力的約翰．傑伊呼籲下設立。設立當時還沒有足夠的展示作品，後來在J.P.摩根及洛克斐勒等人的奔走下，收集到的館藏成長為龐大的數量。從古代遺跡到現代繪畫，收藏品包羅萬象，網羅了各個領域的知名作品是其最吸引人的地方。如果有足夠的時間，不妨去鑑賞會隨季節更換的特別展。

DATA　㊋Ⓜ4‧5‧6線86 ST站步行8分　㊟1000 5 Ave.(bet. E.80 & E.84 Sts.)　☎(1-212)535-7710　㊊10時～17時30分(週五、六～21時)　㊡無休　㊎$25(由於採捐獻制$1就可以進場，但是希望能支付$25以上)

小小資訊　進入大都會藝術博物館時，原本可以拿到一枚胸章代替門票，但是基於削減經費的理由，長達42年的制度劃下句點。取而代之的是從2013年7月起導入貼紙式的入場券。

這樣最完美&最聰明！
最短1小時行程

依照參觀路線順序介紹在有限的時間內參觀主要展示品的「去蕪存菁」行程！

START!

1 河馬威廉
Hippopotamus
1F/111室

人稱威廉的河馬小塑像。身體上描繪著在埃及的濕地及河流裡叢生的植物。

2 哈特謝普蘇特坐像
Seated Statue of Hatshepsut
1F/115室

埃及第一位女王——古埃及第18王朝第5代法老哈特謝普蘇特的等身像。雖然穿戴用於儀式上的男性服飾，卻仍殘留著女性的氣質。西元前15世紀前後的作品。

3 丹鐸神殿
Temple of Dendur
1F/131室

建於羅馬大帝屋大維統治埃及和下努比亞的時代。刻劃著獻上供品給埃及眾神的情景。西元前15年前後的作品。

4 托雷多風景
View of Toledo/El Greco
葛雷柯
2F/611室

葛雷柯唯一一幅單純的風景畫。描繪過去曾經是西班牙的首都，盛極一時的古都托雷多。樹木遍布的太加斯河，以及烏雲中透出的銳利光線，呈現出不平靜的氣氛。創作於1597年。

5 詩人之女
The Daughters of Catulle Mendes
雷諾瓦
2F/821室

雷諾瓦畫過的好幾幅鋼琴畫作品其中之一。描繪出19世紀法國的女作曲家賀爾默絲與詩人曼德斯之間生下的5個小孩之中的3個女孩。創作於1888年。

6 絲柏樹
Cypresses /Vincent Van Gogh
梵谷
2F/826室

梵谷力道十足的獨特筆觸令人印象深刻。絲柏象徵著聖雷米時代的梵谷，從他寫給弟弟的信上可以得知，要表現出深邃蓊鬱的綠意是非常困難的一件事。創作於1889年。

7 聖阿得列斯花園陽台
Garden at Sainte-Adresse/ Claude Monet
莫內
2F/818室

描繪住在莫內小時候待過的聖阿得列斯的父親和姑母一家的作品。比起印象主義的表現，寫實的性質較強烈。創作於1867年。

8 舞蹈教室
The Dance Class/Edgar Degas
竇加
2F/815室

GOAL!

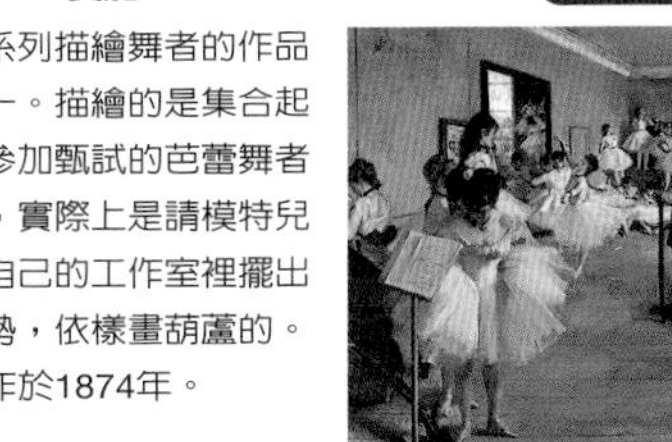

一系列描繪舞者的作品之一。描繪的是集合起來參加甄試的芭蕾舞者們，實際上是請模特兒在自己的工作室裡擺出姿勢，依樣畫葫蘆的。創作於1874年。

千萬別錯過維梅爾的作品！

出生於荷蘭，世間罕有的畫家約翰尼斯・維梅爾（Johannes Vermeer）。其畢生的作品據說全世界僅30多幅，只有在大都會藝術博物館才能同時欣賞到其中的5幅作品。自2013年起，5幅作品全部集中在位於2F「歐洲繪畫」區的632室裡展示，但是「歐洲繪畫」區本身是由大約40個展室構成，因此請先確認樓層地圖。

9 持水罐的年輕女子
Young Woman with a Water Pitcher

2F/632室

具有透明感的色彩表現及女性的單人像等的構圖是維梅爾的典型創作手法。細緻的技巧固然傑出，但作品整體的統一性更是高明。1660年代初期的作品。

10 少女
Study of a Young Woman

2F/632室

維梅爾作品中較少見的單人肖像畫。畫中的模特兒是否真有其人不得而知。是1666～67年前後的作品。

11 睡著的女僕
A Maid Asleep

2F/632室

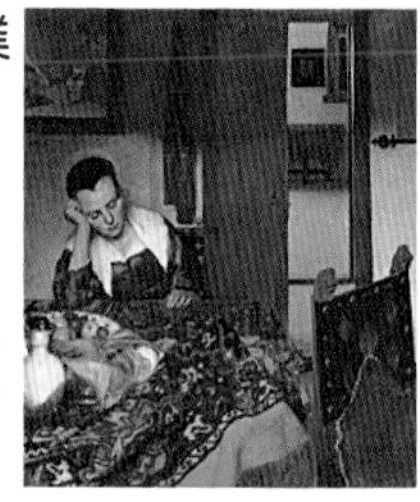

創作於1657年左右，是他畫家生涯初期的作品。描繪在女主人的勸說下，不小心喝醉睡著的女僕。

12 信仰的寓意
The Allegory of Faith

2F/632室

承襲當時流行於荷蘭上流社會間的寓意畫風格，以凱薩雷・里帕的《聖像學》為藍本創作而成。1671～74年前後的作品。

13 在窗邊拿著魯特琴的女子
Woman with a Lute near a Window

2F/632室

是一幅描繪注視著窗外，一邊調整魯特琴，一邊等待情人到來的女性的作品。創作於1662～65年。

餐廳&咖啡廳

Petrie Court Café

位於1F的咖啡廳，可以邊用餐邊欣賞中央公園的景色。也會配合特別展，推出限定的菜單。前菜為＄10.50～、主餐為＄19～。

DATA 時11時30分～16時30分 休無休

Great Hall Balcony Bar

位於2F的咖啡廳&酒吧，可以一面欣賞古典音樂的現場演奏，一面享用輕食和美酒。下酒菜為＄6～、葡萄酒為＄13～。

DATA 時16時～20時30分 休週日～四（營業日、時間視季節變動）

小小資訊 大都會藝術博物館的分館是座落在曼哈頓北部的丘陵地上的修道院博物館（別冊MAP●P2B1）。收藏著大約5000件中世紀西洋藝術品，其中又以由7幅掛毯構成的『獨角獸掛毯展示廳』最有看頭。

想在多看一點就選這件展品！

如果還有時間的話，也別錯過這些作品。
比較各自不同的畫風也別有一番樂趣。

14 聖母與聖嬰

Madonna and Child/
Duccio di Buoninsegna
杜奇歐

2F/625室

被視為奠定西方繪畫基礎的杜奇歐代表作，也是現存少數保存完整的作品之一。該博物館以4500萬美元的高價買下該作一事也引發熱議。

15 瑪利亞！我向你致敬

Ia Orana Maria/Paul Gauguin
高更

2F/826室

高更受到其所停留的小島上有很多天主教徒一事的觸發，創作於1891年的作品。據說後面兩位是大溪地的女性，前面則是瑪利亞與耶穌母子。

16 褒格麗公主

Princesse Albert de Broglie/
Jean-Auguste-Dominique Ingres
安格爾

1F/957室

安格爾雖然不樂意，但是為了生活，還是畫了許多肖像畫。這便是其中一幅。可以從禮服的陰影等處看出其細膩的技巧與精準的畫工。創作於1853年前後。

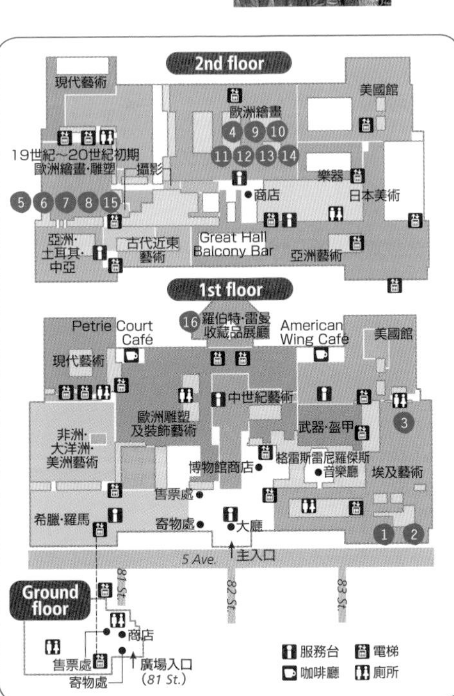

©The Metropolitan Museum of Art

也別忘了伴手禮！

1. 放在墳墓裡表現故人肖像的埋葬用雕像「shawabti」的書籤＄16.95　2. MET的獨家吉祥物「河馬威廉」的橡皮擦＄3.95　3. 五顏六色的馬克杯＄15，MET的商標很顯眼　4. 上頭有MET商標的托特包＄50（大）

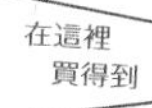

MET Store

除了有經典的MET獨家商標以外，也有很多以館藏作品為設計主題的周邊商品。曼哈頓附近有好幾家店舖，例如在JFK機場和洛克斐勒中心（→P89）等地都有。

DATA　☎(1-212)570-3894　時10時～17時15分(週五、六～20時45分)　休無休

前往現代藝術的殿堂朝聖

以現代藝術刺激感官的現代藝術博物館

以MoMA的暱稱深植人心，不光是紐約客，也深受世人喜愛的美術館。繪畫、音樂、影片上映等多元的展示＆演出都非常吸引人。不妨前往這座現代藝術的殿堂一探究竟。

每年有250萬人造訪的現代藝術殿堂

現代藝術博物館

The Museum of Modern Art (MoMA)

融入紐約風格的現代化建築物

1929年專門為近現代藝術成立的美術館。目前的建築物是參與過多座美術館設計的日本籍建築師谷口吉生的作品，於2004年重新整修。收藏品多達約15萬件，除了有畢卡索、馬諦斯、梵谷等聲名遠播的畫家作品以外，近年來也收藏現代風格的表現作品，如影片和工業設計等。

DATA　㊋ⓂE·M線5 AV-53 ST站步行3分　㊟11 W.53 St.(bet. 5 & 6 Ave.)　☎(1-212)708-9400　㊐10時30分～17時30分(週五～20時)　㊡無休　㊎$25(每週五16時～免費)

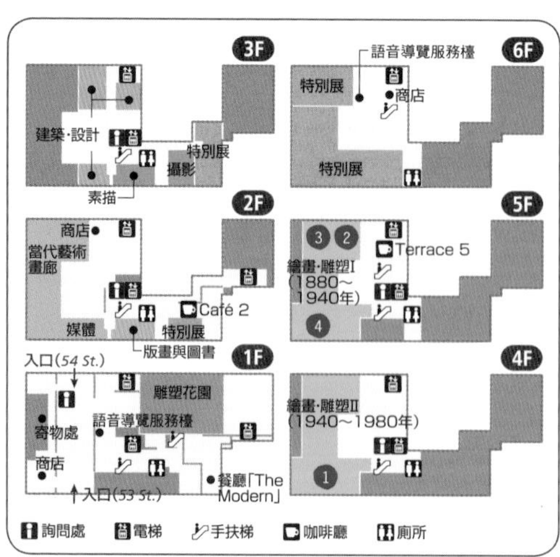

入館前Check

・入口
入口在53街側和54街側這兩個地方。售票處離53街側比較近。

・樓層地圖和語音導覽
詢問處內有樓層地圖，在1F和6F可以租借免費的語音導覽。

・寄放行李的地方
請把傘、行李、大型的背包寄放在寄物處。寄物處在1F服務中心的後面。

・免費入館時間
每週五16時以後可免費入館。由於人潮非常擁擠，要有排隊入館的心理準備。

・夜間參觀
每週五開放至20時。

・參觀方式的建議
切勿錯過4、5F的繪畫和雕塑。逛累了的話可以在1F的花園或餐廳、5F的咖啡廳稍事休息。

MoMA館內的官方商店除了有MoMA Design and Book Store以外，在美術館的對面（→P109）和蘇活區（81 Spring St.／別冊MAP●P18B2）也有MoMA Design Store。

這些一定不能錯過 必看作品

除了歐洲近代繪畫以外，還有美國的普普藝術等，網羅有別於古典藝術，風格新穎又具創意的作品。

康寶濃湯罐
Campbell's Soup Cans/Andy Warhol
安迪・沃荷 4F/19室

描繪出康寶公司的32種濃湯罐頭。從日常生活中尋求主題，以生活周遭的事物呈現難以理解的現代藝術。在該博物館收藏的沃荷作品當中，和『金色瑪麗蓮夢露』並列為重點展品。

提供:AGE FOTOSTOCK/アフロ

©2015 The Andy Warhol Foundation for the Visual Arts, Inc. / Artists Rights Society(ARS), New York & JASPAR, Tokyo X003

星夜
The Starry Night/Vincent van Gogh
梵谷 5F/1室

MoMA的收藏品中最有名的作品之一。是梵谷因為精神病而住院，在療養院中畫下的晚年傑作。

©Acquired through the Lille P. Bliss Bequest

亞維儂的少女
Les Demoiselles d'Avignon/Pablo Picasso
畢卡索 5F/2室

對非洲木雕十分感興趣的畢卡索描繪5個裸女的肖像畫。否定西洋畫派的理論，成為立體主義的先驅。

舞蹈
Dance(I)/Henri Matisse
馬諦斯 5F/6室

女性們跳舞時的律動感躍然紙上。原本是俄羅斯籍的收藏家為了裝飾自家而委託馬諦斯畫的作品。

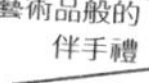

MoMA Design Store

就開在MoMA對面的博物館商店。有很多設計新潮的原創商品。

DATA ㊟44 W.53 St.(bet. 5 & 6 Ave.)
☎(1-212)767-1050
㊋9時30分～18時30分(週五～21時)
㊡無休 別冊MAP●P25C4

天空傘＄48是店裡最暢銷的商品

將一整排的摩天大樓描繪在封面上的筆記本＄10.95

正統的餐廳 The Modern

可以品嘗到Gabriel Kreuther的道地法式美國菜。3道菜的午餐＄66、3道菜的晚餐＄98～。

DATA ☎(1-212)333-1220
㊋12～14時、17時30分～22時30分(酒吧11時30分～22時30分，週日～21時30分) ㊡無休

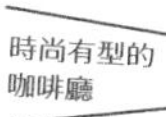

Terrace 5

供應手工甜點＄9～、自選式午間套餐＄29等，可依自己的喜好利用。露天座位僅夏天開放。

DATA ☎沒有 ㊋11～17時(週五～19時30分) ㊡無休

還有許許多多藝術的據點！

世界名作齊聚一堂的個性派美術館

人稱博物館大道的第五大道局部路段，座落著大大小小各具特色的博物館。除了藝術作品以外，還有歷史、自然等多種領域的博物館等候遊客蒞臨。

所羅門・R・古根漢美術館

Solomon R.Guggenheim Museum

鑑賞美麗的建築與20世紀的藝術品

1939年由大富豪所羅門．R．古根漢創立。自1920年代後半起致力於現代藝術的蒐集，展示康丁斯基、夏卡爾、畢卡索等人的作品。由法蘭克．洛伊．萊特設計的漩渦型建築物本身就很特殊。

DATA 交Ⓜ4‧5‧6線86 ST站步行10分 住1071 5 Ave.(at E.89 St.) ☎(1-212)423-3500 時10時～17時45分(週六為～19時45分) 休週四 金$25(週六17時45分～19時45分採樂捐制)

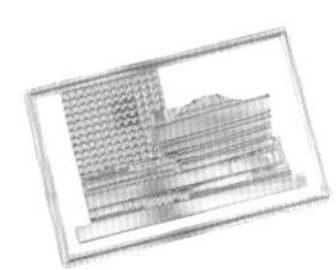

設計成美術館外觀的書箋$8.95

以美術館的外觀為設計主題的馬克杯＄16

1.從1943年委託設計到完工一共花了16年　2.正中央是巨大的挑空式設計

美國自然史博物館

American Museum of Natural History

在全球最大規模的設施裡體驗地球的歷史

創立於1869年，是全世界最大規模的博物館。也是非常有名的研究設施，收集超過3200萬件的標本及展示品。寬敞的館內依主題分門別類地配置著饒富趣味的展品，也千萬別錯過IMAX劇院和與宇宙相關的展示品。

DATA 交ⓂB‧C線81 ST-MUSEUM OF NATURAL HISTORY站步行2分 住Central Park West(at W.79 St.) ☎(1-212)769-5100 時10時～17時45分 休無休 金$22

復古的馬克杯
＄9.99

冰淇淋的太空餐
＄4.99

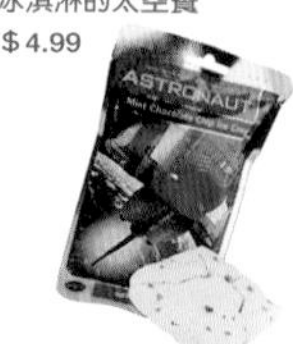

1.震撼力十足的暴龍骨骼標本　2.布雜建築風格的正面入口

「低窪花園」現在因防水工程不對外開放。工程結束日期未定。如果想參觀的話，可以從大通銀行（入口在William路和Ceder路轉角）隔著玻璃參觀。

街上的公共藝術

紐約的街頭到處都有藝術景點。由於是公共藝術，任何人都可以輕鬆、而且免費地欣賞這些創新的藝術作品。

『LOVE Statue』
別冊MAP●P24B3

羅伯特・印第安納的作品。位於第6大道55街上，將4個文字拼成正方形，O往右邊傾斜。

『低窪花園』
Sunken Garden
別冊MAP●P5C2

野口勇的作品。彷彿在華爾街的大通曼哈頓廣場圍繞下的圓形水上庭園。

『男人與海豚共舞』
Man&Dolphine Dance
別冊MAP●P17A3

凱斯・哈林的作品。在哈德遜公園裡，是1987年為公營的游泳池所描繪的壁畫。

新藝廊
Neue Galerie

展示著德國、奧地利藝術

裝飾藝術風格的豪華建築裡，收藏著克林姆、柯克西卡等人風格冶豔瑰麗的歐洲藝術品。1F附設有可享受維也納氣息的咖啡館（→P93）。

DATA ㊋Ⓜ4·5·6線86 ST站步行6分 ㊟1048 5 Ave.(bet. E.85 & E.86 Sts.) ☎(1-212)628-6200 ㊐11～18時 ㊡週二、三 ㊎$20

國家設計學院美術館
National Academy Museum

一窺美國的藝術史

持續支持著19～20世紀美國藝術的美術館。可以學習到從自然主義、抽象主義到現代藝術的變遷等繪畫的歷史。

DATA ㊋Ⓜ4·5·6線86 ST站步行10分 ㊟1083 5 Ave.(at E.89 Sts.) ☎(1-212)369-4880 ㊐11～18時 ㊡週一、二 ㊎樂捐制

古柏惠特設計博物館
Cooper Hewitt, Smithsonian Design Museum

展示著各式各樣的設計作品

利用已故的企業家安德魯・卡內基的豪宅改建成國立博物館。與生活息息相關的設計作品特別齊全。也別忘了去逛一下博物館商店。

DATA ㊋Ⓜ4·5·6線86 ST站步行15分 ㊟2 E.91 St.(bet. 5 & Madison Ave.) ☎(1-212)849-8400 ㊐10～18時(週六～21時) ㊎$18(網路預約為$16)

弗立克收藏館
The Frick Collection

可以同時欣賞藝術品和豪宅

對外開放鋼鐵大王亨利・克萊・弗立克的宅第作為美術館。展示維梅爾等人的畫作，以及全世界數一數二的青銅塑像收藏品等。

DATA ㊋Ⓜ6線68 ST HUNTER COLLEGE站步行10分 ㊟1 E.70 St.(at 5 Ave.) ☎(1-212)288-0700 ㊐10～18時(週日11～17時) ㊡週一 ㊎$20(週日～13時採樂捐制)

©Michael Bodycomb

紐約市立博物館
The Museum of the City of New York

紐約的歷史可以一目瞭然

展示19世紀的消防車等，可以透過當時的照片及繪畫來了解紐約的歷史。將大富豪洛克斐勒的房間移到5F，公開展示。

DATA ㊋Ⓜ6線103 ST站步行8分 ㊟1220 5 Ave.(bet. E.103 & E.104 Sts.) ☎(1-212)534-1672 ㊐10～18時 ㊡無休 ㊎$14

新當代美術館
New Museum of Contemporary Art

建築與藝術互相幫襯的美術館

館藏以現代藝術為主，陳列著創新且充滿實驗性質，引領著時代的作品。新穎的建築是由日本的建築師妹島和世、西澤立衛（SANAA）攜手設計。

DATA ㊋ⓂF線2 AV站步行5分 ㊟235 Bowery(bet.Stanton & Rivington Sts.) ☎(1-212)219-1222 ㊐11～18時(週四～21時) ㊡週一 ㊎$16(週四19時～採樂捐制，$2～)

©Benoit Pailley

現場的表演令人感動萬分

想要親臨現場！百老匯的音樂劇

百老匯的音樂劇會帶領觀衆進入夢幻的世界裡。請務必親臨現場，觀賞充滿歡笑與淚水，以及對人生有所啓迪的人生聖經！

當紅的話題作品

從長銷劇作到最新作品，以下是在百老匯掀起話題的作品。公演的時間表每個時期都不同，請事先確認！

點唱機型

©JoanMarcus

2013年首演　別冊MAP P22B3

美麗傳奇
Beautiful

傳記音樂劇的經典劇目！

卡洛金的歌曲和寫實描繪登場人物的傑出劇本，再加上演員們投入熱情的演出，在百老匯一炮而紅，票房遙遙領先。集結令人懷念的經典名曲，宛如音樂盒一般，扣人心弦感人熱淚。

【史蒂芬桑坦劇場】
Stephen Sondheim Theatre

DATA 交Ⓜ1·2·3·7·N·Q·R·S線TIMES SQ-42 ST站步行5分 住124 W.43 St.(bet. 6 & 7 Ave.) ☎(1-212)230-6200 時週日15時～，週二、四19時～，週三14時～、19時～，週五20時～，週六14時～、20時～ 休週一 金$75～189

闔家觀賞

©Deen Van Meer

2014年首演　別冊MAP P22B3

阿拉丁
Aladdin

大人也會喜歡的魔幻名作

無人不知、無人不曉的童話故事──阿拉丁與神燈精靈的音樂劇版。充滿可以親子同樂的特殊效果，重現有如迪士尼樂園般的童話世界。切勿錯過坐在魔毯上，在空中飛翔的場景！

【新阿姆斯特丹戲院】
New Amsterdam Theatre

DATA 交Ⓜ1·2·3·7·N·Q·R·S線TIMES SQ-42 ST站步行2分 住214 W.42 St.(bet. 7 & 8 Ave.) ☎(1-866)870-2717 時週日15時～，週二、四19時～，週三、六14時～、20時～，週五20時～ 休週一 金$49.50～189.50

出發前Check

●百老匯劇場區是？

意指座落在時代廣場（第7大道和百老匯大道的十字路口）附近的劇場街。沿著百老匯大道的42～53街上有多家劇場。

●如何取得最新資訊？

透過適用於智慧型手機的tkts應用程式可取得當日半價票的資訊。中城的旅遊局（→P136）裡也有各劇目的簡介手冊。

●關於觀劇的禮儀

請在開演10分鐘前抵達劇場。劇場內禁止拍照攝影及錄音。

東尼獎是美國劇場界最高權威的大獎。音樂劇一共有15個獎項，每年5月會從一整年在百老匯公演的音樂劇及舞台劇作品中公布提名作品，6月舉行頒獎典禮。

別冊MAP P22A1

摩門經
The Book of Mormon

很難買到票的賣座劇目

以摩門教為題材的惡搞喜劇作品。由創作出曾引爆熱潮的『南方四賤客』的奇才，以及藉獨樹一格的『Q大道』一劇初登百老匯就一舉成名的劇作家聯手創作。

【尤金．歐尼爾劇場】
Eugene O'Neill Theatre

長銷劇作

DATA ⓧⓂ1·C·E線50ST站步行2分 ㊟230 W.49 St.(bet. Broadway & 8 Ave.) ☎(1-212)239-6200 ㊕週日14時～、19時～，週二～四19時～，週五20時～，週六14時～、20時～ ㊡週一 ㊎$99～352

©2011,JoanMarcus

2013年首演 別冊MAP P22A2

長靴妖姬
KinkyBoots

橫掃東尼獎的知名作品

將2005年的英國電影搬上舞台。描寫製鞋工廠的年輕老闆和變裝皇后聯手企圖讓公司起死回生的作品。特別值得一提的是全劇的歌曲皆出自葛萊美獎歌手辛蒂．露波之手，都是打動人心的名曲。

【艾爾．赫施菲德劇場】
Al Hirschfeld Theatre

將電影搬上舞台

DATA ⓧⓂ1·2·3·7·N·Q·R·S線TIMES SQ-42ST站步行9分 ㊟302 W.45 St.(bet. 8 & 9 Ave.) ☎(1-212)239-6200 ㊕週日15時～，週二、四19時～，週五20時～，週三、六14時～、20時～ ㊡週一 ㊎$55～249

©Matthew Murphy

別冊MAP P22A2

瑪蒂達
Matilda

天才女少的復仇劇令大人冷汗直流

橫掃倫敦戲劇界最高榮譽奧立佛獎多項大獎的作品。這股瑪蒂達旋風終於也颳向百老匯了！羅德．達爾原著，他同時也是由強尼．戴普所主演的電影『巧克力冒險工廠』的作者。

【舒伯特劇院】 Shubert Theatre

闔家觀賞

DATA ⓧⓂ1·2·3·7·N·Q·R·S線TIMES SQ-42 ST站步行5分 ㊟225 W.44 St.(bet. Broadway & 8 Ave.) ☎(1-212)239-6200 ㊕週日15時～，週二、四19時～，週三、六14時～、20時～，週五20時～ ㊡週一 ㊎$37～199

©JoanMarcus2013

2014年首演 別冊MAP P22B2

搖滾芭比
Hedwig and Angry Inch

傳說中的舞台劇進軍百老匯

描寫不惜動手術改造身體，只為了成為女人活下去的海德維波瀾壯闊的一生，再加上刺激的背景音樂點綴，可以說是走在時代最尖端的搖滾音樂劇。旋律之美與充滿魅力的服裝堪稱天下第一！

【貝拉斯科劇場】 Belasco Theatre

從外百老匯發跡

DATA ⓧⓂB·D·F·V線42 ST-BRYANT PK站步行3分 ㊟111 W.44 St.(bet. 6 & 7 Ave.) ☎(1-212)239-6200 ㊕週二～四20時～，週五、六19時～、22時～ ㊡週日、一 ㊎$49～152

©Joan Marcus, 2014

●購買門票的方法？

【在國內訂票的方法】手續費雖然很貴，但是只要委託旅行社或國內的票務代理店，就可以用中文買票，比較放心。也可以事先在當地的票務代理店（Ticket Master URL www.ticketmaster.com/）的官方網站上購買。

【在當地買票的方法】也可以在各劇場窗口買票。有時候會突然在開演幾小時前開放VIP座位。

●tkts

販賣當日的優惠票。可以用定價打8～5折的折扣購買。只收現金。手續費為1張＄4.50。

tkts 時代廣場店（別冊MAP●P22B2）
DATA ㊕晚場公演:15～20時(週二14時～，週日～開演前1小時30分)、午場公演:週三、六10～14時，週日11～15時 ㊡無休 URL www.tdf.org

・長銷＆賣座劇目

以下是刷新長銷劇目最長紀錄的作品，
以及人氣與知名度居高不下的暢銷名作。

獅子王
The Lion King

盛況空前的迪士尼鉅作

描寫小獅子辛巴逐漸成長為勇敢的百獸之王「獅子王」的軌跡。在舞台上呈現出非洲的大自然和動物們，驚人的演出形成壯闊的史詩故事。

【民斯克夫劇場】 Minskoff Theatre

DATA ㊋Ⓜ1・2・3・7・N・Q・R・S線TIMES SQ 42 ST站步行3分 ㊟200 W.45 St.(bet. Broadway & 8 Ave.) ☎(1-866) 870-2717 ㊍週日15時～，週二19時～，週四、五20時～，週三、六14時～、20時～ ㊡週一 ㊎$89～189

©2002, Joan Marcus

澤西男孩
Jersey Boys

緊緊抓住嬰兒潮世代的心！

懷舊金曲一首接一首！只要先預習故事內容，連不擅長英語的人也能看得懂！因觀衆的鼓掌和喝采造成演出停頓的情況也屢見不鮮。點唱機型的音樂劇中只有這部獲得東尼獎最佳音樂劇的殊榮。

【奧古斯特・威爾森劇場】 August Wilson Theatre

DATA ㊋ⓂB・D・E線7 AV站步行3分 ㊟245 W.52 St. (bet. Broadway & 8 Ave.) ☎(1-212)230-6200 ㊍週日15時～，週二、四19時～，週三14時～、19時～，週五20時～，週六14時～、20時～ ㊡週一 ㊎$47～162

©Joan Marcus

錦城春色
On the Town

載歌載舞、充滿歡笑的180分鐘

將70年前的古典音樂劇改編成現代風格。從誇張的喜劇到充滿張力的舞蹈場景，可以盡情徜徉在美國樂壇傳奇雷納德・伯恩斯坦的多首名曲中。特別推薦給第一次到百老匯朝聖的人！

【抒情劇院】
Lyric Theatre

DATA ㊋Ⓜ1・2・3・7・N・Q・R・S線TIMES SQ-42 ST站步行2分 ㊟213 W.42 St.(bet. Broadway & 8 Ave.) ☎(1-212) 307-4100 ㊍週日15時～，週二、四19時～，週三、六14時～、20時～，週五20時～ ㊡週一 ㊎$46.25～157.25

©Joan Marcus

悲慘世界
Les Miserables

音樂劇的經典名作

在新公演中「堡壘」成為悲慘世界的固定橋段，大量使用影像，槍擊畫面也更為逼真。最吸引人的地方正是歌曲，尚萬強的假聲唱腔堪稱世界遺產級的美聲。再次感受「悲慘世界」帶來的感動。

【帝國劇場】
Imperial Theatre

DATA ㊋Ⓜ1・2・3・7・N・Q・R・S線TIMES SQ-42 ST站步行5分 ㊟249 W.45 St.(bet. Broadway & 8 Ave.) ☎(1-212) 230-6200 ㊍週日15時～，週二、四19時～，週三、六14時～、20時～，週五20時～ ㊡週一 ㊎$37～157

©Matthew Murphy

「Pre-theatre menu」指的是劇場附近的餐廳特別為觀劇前尚未用餐的顧客準備的簡單全餐。
一般提供餐前酒、前菜、主菜、甜點等套裝菜色，可以親民的價格享用。

Check 外百老匯（Off-Broadway）是？

指的是位於紐約，不到200個座位的實驗性小劇場。『歌舞線上』、『Hair』以及『吉屋出租』都是從這裡誕生的名作。如果空前賣座，就可以搬上百老匯的大劇場演出。現在上演中的代表作品如右所示。

♪破銅爛鐵［Orpheum Theatre／別冊MAP●P7C1］
男女共8人的表演軍團把破銅爛鐵當作樂器，敲打出撼動人心的節奏。

♪藍人秀［Astor Place Theatre／別冊MAP●P7C1］
沒有台詞和舞蹈，由3個塗上藍色油漆的光頭男子所呈現的現代劇。外百老匯的招牌作品。

♪Q大道［New World Stages／別冊MAP●P22A1］
芝麻街的成人版。將現代人煩惱的問題刻劃得非常有趣可笑的布偶秀。

♪無眠夜［The McKittrick Hotel／別冊MAP●P8A2］（→P19）
以廢棄的老飯店為舞台的默劇。觀眾可以任意在飯店內走動的戲劇型遊樂設施。

媽媽咪呀！
Mamma Mia!

超級巨星ABBA的暢銷單曲貫穿全劇

準備要結婚的20歲女孩蘇菲瞞著母親，四處奔走找尋父親的故事。隨著ABBA輕快的音樂，男女老少在舞台上勁歌熱舞。是在新的故事裡加入既有老歌的點唱機型音樂劇先驅。

【伯德赫斯特戲院】
Broadhurst Theatre

長銷劇作

DATA 交Ⓜ1·2·3·7·N·Q·R·S線TIMES SQ-42ST站步行5分 住235 W 44th St (bet. 7 & 8 Aves.) ☎(1-212)239-6200 時週日14時～、19時～，週一、三～週五20時～，週六14時～、20時～ 休週二 金$70～236

©Joan Marcus 2012

芝加哥
Chicago

首屈一指的歌舞音樂劇

描寫因為殺害情人而坐牢的無名歌手羅克西被無罪釋放後，利用媒體輿論進入娛樂圈的世界，最後成為明星的故事。天才編舞家鮑伯．佛西的舞蹈和多首的名曲相當值得一看。

【大使劇院】
Ambassador Theatre

長銷劇作

DATA 交Ⓜ1線50 ST站步行2分 住219 W.49 St.(bet. Broadway & 8 Ave.) ☎(1-212)239-6200 時週日14時30分～、19時～，週一、二、四、五20時～，週六14時30分～、20時～ 休週三 金$49.50～227

©Jeremy Daniel

2003年
首演
別冊
MAP
P24A4

壞女巫
Wicked

描述電影『綠野仙蹤』的前傳

劇情聚焦在暢銷小說『女巫前傳』裡的善、惡兩位女巫身上，交代電影裡未曾提及的兩人之間的關係。壞女巫艾法芭跨坐在魔法掃帚上，飛到空中的場景令人驚嘆。

【蓋希文劇院】 Gershwin Theatre

長銷劇作

DATA 交ⓂC·E線50 ST站步行1分 住222 W.51 St.(bet. Broadway & 8 Ave.) ☎(1-877)250-2929 時週日14時～、19時～，週二、三19時～，週四、五20時～，週六14時～、20時～ 休週一 金$62～252

©Joan Marcus

歌劇魅影
The Phantom of the Opera

持續刷新史上最長公演紀錄

在巴黎歌劇院幽暗的地窖裡展開的愛恨情仇。壯觀的舞台裝置，以及全劇以歌劇方式演唱，安德魯．洛伊．韋伯的音樂作品至今仍扣人心弦。

【堂煌劇院】 Majestic Theatre

長銷劇作

DATA 交Ⓜ1·2·3·7·N·Q·R·S線TIMES SQ-42ST站步行6分 住247 W.44 St.(bet. Broadway & 8 Ave.) ☎(1-212)239-6200 時週一、三、五20時～，週二19時～，週四、六14時～、20時～ 休週日 金$27～225

©Joan Marcus

享受世界最頂級的娛樂表演

在林肯中心欣賞古典音樂 in 紐約

紐約素有古典樂之都的美譽。好不容易來一趟紐約，不妨在歌劇及管弦樂團的根據地，古典樂壇的殿堂林肯中心裡享受位居世界巔峰的表演藝術。

Photo: Jonathan Tichler/Metropolitan Opera

©Chris Lee

1.正前方的噴水池也是電視影集及電影常見的拍攝地　2.富麗堂皇的大廳，紅色和白色的對比非常美麗　3.不光只有古典音樂，也會舉行爵士音樂會的艾弗里費雪廳

林肯中心
Lincoln Center

吸引世界各地樂迷朝聖的表演藝術殿堂

磐踞在62～66街上，是紐約規模最大的複合藝術設施。設置了歌劇院及音樂廳、戶外劇場等。位於正面入口處的噴水池是知名地標，晚上也會打上燈光。占地內有草皮的廣場和長椅等，同時也是紐約客從事休閒活動的場所。如果要在鑑賞藝術前用餐，建議前往隔著65街，位於北側的愛麗絲．塔利廳內的American Table Café& Bar。

DATA　交M1線66ST LINCOLN CENTER站步行1分
住Lincoln Center,65 St.(bet. Columbus & Amsterdam Ave.)
☎(1-212)875-5456　時視設施而異　休無休

設施Info

大都會歌劇院
Metropolitan Opera House

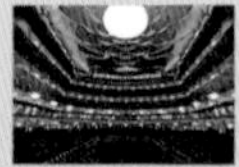

與米蘭的史卡拉歌劇院、巴黎歌劇院齊名，並列為世界三大歌劇院之一。

艾弗里費雪廳
Avery Fisher Hall

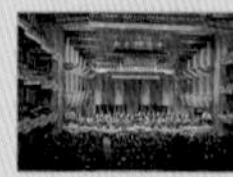

紐約愛樂交響樂團的根據地，是林肯中心第一座音樂廳。

大衛寇克劇院
David H. Koch Theater

特徵在於寬敞的舞台。可以觀賞紐約市立芭蕾舞團的公演。

如果想要聆賞管弦樂，也不能錯過過去曾經是紐約交響樂團的根據地，被譽為「音樂的殿堂」的卡內基廳(別冊MAP●P24B3)。19世紀末在鋼鐵大王卡內基的資助下建造，文藝復興風格的建築物讓人感受到其格調之高。

出發前Check　古典音樂Q&A

●購買門票的方法？
想要確實地買到入場券，請事先在國內訂票。可以預約的劇碼較有限，但是可以用中文溝通很方便。另外，也可以在各團體的官方網站上訂票。如果要在當地購買，請前往各劇場的售票處。

●服裝與禮儀
男性請穿西裝外套，女性則是連身洋裝等，不妨盛裝出席。請勿穿著運動鞋和牛仔褲、T恤等。如果快要開演了才要進場，可能會被拒於門外，因此請提早前往。

●如何收集資訊？
各團體的官方網站上會公布詳細的資訊。到了當地，前往售票處是最聰明的方法。可以索取上頭有2個月份節目表的活動曆。

歌劇

站票只要＄20～就能輕鬆地鑑賞。豪華的演出陣容令人著迷！

大都會歌劇團
Metropolitan Opera

壓倒性的歌唱實力令人驚艷
以「MET」的暱稱為人所知，創立於1833年，是一個歷史悠久的歌劇團。每年會舉行多達200場的公演。不妨前往欣賞大家耳熟能詳的作品，例如『杜蘭朵』及『茶花女』、『蝴蝶夫人』等名作。

【根據地：大都會歌劇院】

DATA ☎(1-212)362-6000 時10～20時(週日12～18時) 金$20～430

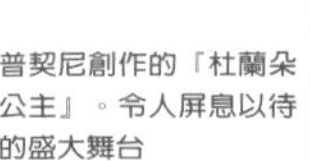

普契尼創作的「杜蘭朵公主」。令人屏息以待的盛大舞台

交響樂

在眾多知名音樂家輩出的古典音樂之都享受音樂的洗禮。

紐約愛樂交響樂團
New York Philharmonic

頂尖水準的交響樂團
創立於1842年，是美國最古老、也是紐約唯一一個常設交響樂團。馬勒和托斯卡尼尼、米卓普羅士等歷史上知名指揮家曾擔任過該團音樂總監，不妨前往欣賞這個知名樂團張力十足的演奏。

【根據地：艾弗里費雪廳】

DATA ☎(1-212)875-5656 時10～18時(週六13時～，週日12～17時) 金$22～128

現任的音樂總監是艾倫．吉伯特

Photo: Chris Lee

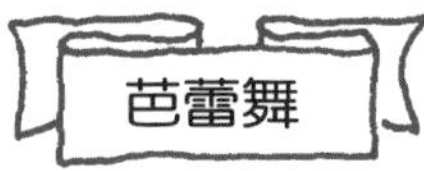

芭蕾舞

只有在紐約才能看到這種充滿律動感，令人耳目一新的芭蕾舞表演。

紐約市立芭蕾舞團
New York City Ballet

華麗的舞蹈令人看得目不轉睛
由出身自舊蘇聯的編舞家喬治．巴蘭欽所創立的芭蕾舞團。在聖誕節期間上演的『胡桃鉗』是紐約冬天的風情畫。

【根據地：大衛寇克劇院】

DATA ☎(1-212)496-0600 時10～20時(週日12～17時) 金$29～225

優雅的舞姿令人印象深刻的『天鵝湖』十分賣座

Photo: Paul Kolnik

美國芭蕾舞團
American Ballet Theatre

代表美國站在世界巔峰的芭蕾舞團
設立於1940年。以美國的芭蕾舞團身分，第一次在舊蘇聯舉行公演。除了每年都會在美國國內巡迴公演以外，至今也在大約50個國家進行過海外巡迴公演。

【根據地：大都會歌劇院】

DATA ☎(1-212)362-6000 時10～20時(週日12～18時) 金$30～375

將在2015年迎接75週年的ABT。『天鵝湖』為其代表作品之一

©Gene Schiavone

現場聆聽發源地的音樂！

沉醉在發自靈魂的旋律中 爵士樂＆福音歌曲

搖擺、咆勃、現代等，以紐約為中心不斷演進的爵士樂，以及發展為黑人教會音樂的福音歌曲。不妨在充滿臨場感的演出據點接觸美國音樂的根源。

19世紀末在美國南部誕生的爵士樂，在1920年代以紐約為發展中心。後來孕育出許多被譽為巨星的音樂人，也陸續地創造出創新的演奏法。

Village Vanguard

1

2

爵士樂壇的巨匠們演奏的聖地

1935年開幕當時，也曾舉行過舞台劇和民謠的現場演奏等等，進入50年代以後，就專注於爵士樂上。店内的空間不大，也因此離樂手們很近，可以充分地欣賞撼動人心的演奏。邁爾士、約翰柯川、孟克、艾文斯等爵士樂壇巨匠都曾經在此演奏過，也錄製過多張現場演奏專輯，可說是歷史性的爵士樂據點。

DATA ㊋Ⓜ1·2·3線14 ST站步行3分 ㊟178 7 Ave.S. (bet. W.11 & Perry Sts.) ☎(1-212)255-4037 ㊓20時～翌1時(現場演奏21時～、23時～，時間偶有變動) ㊡無休 ㊎$30～

3

1.閃爍的霓虹燈十分吸睛 2.懸掛著曾經在這裡演奏過的音樂人照片 3.葛瑞格．歐斯比等人也登場過

林肯中心爵士樂廳
Jazz at Lincoln Center

爵士樂手憧憬的專用音樂廳

座落在時代華納中心裡，爵士樂專用的音樂廳，是紐約爵士樂的一大據點。可以在觀眾席360度環繞舞台的羅斯廳、背後是一整片摩天大樓景色的艾倫廳、供應靈魂美食的Dizzy's Club等3個空間裡，享受各式各樣的爵士樂體驗。

DATA ㊋Ⓜ1·A·B·C·D線59 ST-COLUMBUS CIRCLE站即到
㊟時代華納中心內(→P92)
☎(1-212)258-9800
㊓視公演內容而異 ㊡無休
㊎視表演者而異

1

2

1.眼前就是哥倫布圓環，位置絕佳
2.艾倫廳裡，樂手的身後就是一整片上西區的高樓大廈

如果想要取得最新的爵士樂資訊，在大型的唱片行等地都可以拿到的免費雜誌「The New York City Jazz Record」，非常方便。多達50頁，是本製作認真的雜誌，刊登著最新的現場演奏訊息和焦點的CD介紹。

♪紐約爵士樂的巨星樂手們

以下為大家介紹留下無數經典與唱片的巨星們。

艾靈頓公爵
率領著大型樂隊活躍一時的搖擺爵士樂巨星

查理・帕克
創造出咆勃樂的中音薩克斯風演奏者

邁爾士・戴維斯
以走在時代前端的音樂性，被稱為是爵士樂界的帝王

路易斯・阿姆斯壯
超凡的小號演奏者，同時也是知名的擬聲唱法歌手

艾拉・珍・費茲潔拉
20世紀最具有代表性的女性頂尖爵士樂歌手

比爾・艾文斯
以細膩且獨特的音樂深深影響後世的鋼琴家

格林威治村 別冊MAP P17B2

Blue Note

許多明星級的樂手們會來表演

和老牌爵士樂唱片公司Blue Note無關，不過因為能邀請到大牌音樂人登台而聲名遠播。1981年開幕，在曼哈頓算是較新的爵士樂俱樂部，但也因此音響設備非常完善，可以享受到清晰的音色。在演奏前也能品嘗份量十足的餐點，不妨前來度過慵懶的紐約之夜。

DATA ⓧⓂA·B·C·D·E·F·M線W 4 ST-WASH SQ站步行3分 ㊟131 W 3 St.(bet. 6 Ave. & Mac Dougal St.) ☎(1-212)457-8592 ㊋20～24時(週六、日～翌2時) ㊡無休 ㊎$20～(視表演者而異)

連日都有一流的音樂人登場

中城 別冊MAP P22A2

Birdland

享受高水準的演奏和美食

該俱樂部承襲了昔日查理・帕克、邁爾士・戴維斯等出類拔萃的音樂人曾表演過的名門俱樂部之名，現在仍有派特・麥席尼、秋吉敏子等眾多知名音樂人登場表演。

DATA ⓧⓂA・C・E線42ST PORT AUTHORITY BUS TERMINAL站步行3分 ㊟315 W 44 St.(bet. 8 & 9 Ave.) ☎(1-212)581-3080 ㊋17時～翌1時 ㊡無休 ㊎$25～(視表演者而異)、最低消費$10

也可以在優雅高貴的氣氛下用餐

福音歌曲 gospel

本來是非裔美國人懷著對神的祈禱而唱起的宗教歌曲。話雖如此，充滿節奏感與爆發力的歌聲跨越宗教藩籬打動人心。

哈林區 別冊MAP P2B1

阿比西尼亞浸信會教堂
Abyssinian Baptist Church

散發莊嚴氣氛的教堂

背對著彩繪玻璃，在自由的氣氛下活力十足地演唱著福音歌曲，參加禮拜的人也會配合聖歌隊的歌聲一同高歌、對聖經裡的話語大表贊同。週日包含觀光客會大排長龍，因此建議盡早前往。

DATA ⓧⓂB·C·2·3線135ST站步行4分 ㊟132 Odell Clark Pl.(at W.138 St.) ☎(1-212)862-7474 ㊋週日禮拜(觀光客)為11時～ ㊡無休 ㊎樂捐制

紐約最古老的黑人教堂

1.離時代廣場步行2分的好位置 2.比比金的海報

中城 別冊MAP P22A3

B.B King Blues Club & Grill

充滿力量的歌聲令人感動

可以透過表演方式欣賞福音歌曲的福音歌曲早午餐在每週日的中午過後提供。在用過自助式的餐點後，表演隨即開始。以即使沒有英語及宗教的知識也能樂在其中的歌曲為主，就連觀眾也能融為一體，盡興而歸。

DATA ⓧⓂ1·2·3·7·N·Q·R·S線TIMES SQ-42ST站步行2分 ㊟237 W .42 St.(bet. 7 & 8 Ave.) ☎(1-212)997-4144 ㊋10時30分～24時(福音歌曲早午餐為週日13時30分～，時間偶有變動) ㊡無休 ㊎視表演者而異(福音歌曲早午餐的預售票為$44、當日票為$47)

看職業選手大顯身手

北美職業體育聯盟的體育場指南

在紐約，可以觀賞到世界頂尖水準的體育競賽。
不妨前往地主隊展開白熱化激戰的主場體育館，感受親臨現場的比賽熱力！

出發前Check

購買門票的方法

❶ 上網購買

可以上各隊伍的官方網站進到售票頁面裡購買。不過，為了避免糾紛，請務必把確認信印出來帶去。

●紐約洋基隊
URL newyork.yankees.mlb.com
●紐約大都會隊
URL newyork.mets.mlb.com
●紐約尼克隊
URL www.nba.com/knicks/
●布魯克林籃網隊
URL www.nba.com/nets/
●紐約噴射機隊
URL www.newyorkjets.com
●紐約遊騎兵隊
URL rangers.nhl.com

❷ 委託代買業者

可以幫忙買到一般人買不到的全年指定座位。費用採浮動匯率制，可能會比定價還要貴上很多，請特別留意。其中也有可以用中文溝通的業者。

❸ 在當地購買

幾乎所有的會場都會販賣當日票，很少會出現售罄的情況。不過，衆所矚目的賽事可能會在預售的階段就賣光，請特別留意。

MBL　棒球

大聯盟最受歡迎的知名球團洋基隊與勁敵大都會隊的對戰『地鐵大戰』的場面非常盛大。賽季為4～9月。

紐約洋基隊
New York Yankees

大聯盟代表性的名門球團

由於稱霸世界大賽27次、出場超過40次的實績和傳統，是其他球團無法相提並論的名門隊伍。過去有王建明和松井秀喜、鈴木一朗，現在則有田中將大等亞洲旅美球員。

1　2

【主場：洋基球場】
Yankee Stadium
2009年開幕的球場，取代了旁邊的舊球場，場内可以容納超過52000名觀衆。

DATA　交Ⓜ4·B·D線161 ST站步行1分

1.印有隊徽的馬克杯＄12.95
2.款式很復古的T恤＄16.95
3.以15億美元打造的新球場

3

紐約大都會隊
New York Mets

網羅全明星賽等級選手的洋基勁敵

該球隊中野茂英雄、新庄剛志等多位日籍選手大放異彩一事也非常出名。將紐約設為根據地，可說是相當於洋基隊勁敵的著名全明星軍團。

【主場：花旗球場】
Citi Field
以布魯克林．道奇隊時代根據地的球場為設計概念，於2009年完工的新球場。

DATA　交Ⓜ7線METS-WILLETS POINT站步行1分

位於紐約的皇后區

紐約還有各式各樣可以觀戰的運動賽事。其中之一就是以紐約為根據地的職業足球隊「紐約紅牛隊」，是美國職業足球大聯盟（MLS）的一支勁旅。

NBA 籃球

可以看到身高超過2公尺的大漢們展開鏖戰，以及灌籃及三分球等充滿震撼力的競技。賽季為10月～隔年4月。

紐約尼克隊
New York Knicks

隨新戰力加入而復活的開朝元老

從NBA成立當時就參加聯盟的名門球隊。近年來表現有些低迷，但是在2011年進行大規模的補強計劃，搖身一變成為有本事爭冠的強隊。

【主場：麥迪遜花園廣場】
Madison Square Garden

1968年落成。素有「世上最有名的體育館」之稱，也被選手及球迷們稱為聖地。

DATA ⓧⓂ1·2·3·A·C·E線34 ST-PENN STATION站即到

1.買面三角旗＄9.99作為觀戰的紀念　2.每個球迷都會想要一頂的鴨舌帽＄34.99　3.位於賓州車站的上方，交通非常方便

布魯克林籃網隊
Brooklyn Nets

在布魯克林脫胎換骨的新生籃網

2012年，從紐澤西將根據地移到布魯克林，更名為「布魯克林籃網」。在倫敦奧運大展身手的德隆·威廉斯等人加入之後，讓人開始期待老兵復活。

【主場：巴克萊中心】
Barclays Center

花了10億美元的費用和約2年的歲月終於落成，以充滿流行感的氣氛造成話題的球場。

DATA ⓧⓂ2·3·4·5·B·Q線ATLANTIC AV-BARKLAYS CTR站即到

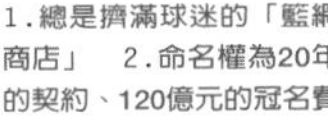

1.總是擠滿球迷的「籃網商店」　2.命名權為20年的契約、120億元的冠名費

NFL 美式足球

知名度在美國凌駕棒球的運動，目前有32支隊伍參加。決定冠軍隊伍的超級盃是每年慣例的一大盛事。賽季為9月～隔年1月。

紐約噴射機隊
New York Jets

一如隊名的強勁表現

隊名蘊含了宛如噴射機一般強而有力的意思，是足以代表美式足球界的老牌隊伍。因為綠色與白色相間的制服而有暱稱「Gang green」。

【主場：大都會人壽球場】
MetLife Stadium

位於紐澤西州，是噴射機隊和紐約巨人隊這兩支隊伍的根據地。

DATA ⓧ紐澤西捷運公司THE MEADOWLANDS SPORTS COMPLEX站步行1分

2014年超級盃舉辦的地方

NHL 冰上曲棍球

在只用1整面強化玻璃隔開的比賽會場上，選手在近距離揮舞球桿及衝撞的樣子非常具有震撼力。賽季為10月～隔年4月。

紐約遊騎兵隊
New York Rangers

兼具傳統與知名度的實力派

NHL中擁有最悠久的歷史，每年觀戰的門票都會炒作到非常貴的知名隊伍。自1994年最後一次優勝以後，就離優勝有段距離，但是近幾年來在挑選選手方面致力於提升攻擊力，因此關注度也隨之增加。

【主場：麥迪遜花園廣場】
Madison Square Garden

DATA 請參照紐約尼克隊的欄位

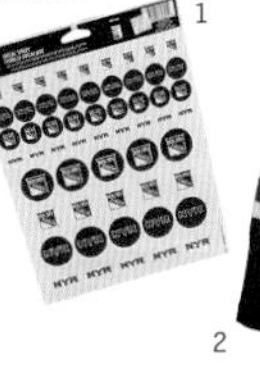

1.印有隊徽的貼紙＄5.50　2.令球迷垂涎三尺的復刻版球衣＄169.95

依照不同需求選擇

曼哈頓的熱門飯店清單

雖然整個紐約市內有許多飯店，但以方便性而言還是中城的大規模飯店最為搶手。在造成話題的設計型飯店度過優雅時光也是紐約行的特色。

Hotel Americano

毗鄰哈德遜河岸

由獲獎無數的10位建築師聯手打造的設計型飯店。裝潢走簡單大方的現代風格，兼具有功能性，客房備品也非常講究細節，住起來非常舒適。座落在高線公園與哈德遜河間，也擁有作為觀光據點的極佳便利性。

DATA ㊋ⓂC‧從E線23 ST步行10分 ㊟518 W.27 St.(bet. 10 & 11 Ave.) ☎(1-212)216-0000 ㊎Uptown Queen$205～ 56間

R P

1.攝影棚風格的床鋪空間 2.令人眼睛為之一亮的建築物

第5大道 Andaz酒店

Andaz 5th Avenue

就像是品味絕佳的公寓

飯店人員會像朋友一樣出來迎接，直接在沙發區辦理入住。客房小冰箱的軟性飲料和零食、無線網路皆為免費，是一家非常舒適的設計型飯店。浴室裡也設有泡腳處，十分特別。可24小時利用的客房服務等無微不至的服務也大受好評。

DATA ㊋Ⓜ4‧5‧6‧7‧S線GRAND CENTRAL-42 ST站步行4分 ㊟485 5 Ave.(at E.41 St.) ☎(1-212)601-1234 ㊎Andaz 雙人房$345～ 184間

R F

1.簡單大方兼具功能性的臥室 2.也有空間寬敞、附有陽台的客房

The Nolitan Hotel

小規模飯店特有的服務

位於諾利塔地區，簡單大方的精品型飯店。前往夜生活及藝術據點充實的下城各地的交通非常方便。提供免費的租賃自行車及前往附近的運動健身中心的交通票券、iPad等租借服務（收費），細緻貼心的服務也大受好評。

DATA ㊋ⓂJ‧Z線BOWERY站步行1分 ㊟30 Kenmare St.(at Elizabeth St.) ☎(1-212)925-2555 ㊎Neighborhood Room$149～ 57間

R

1.知名的餐廳 2.也有可以俯瞰下曼哈頓的客房

The Jane Hotel

以船艙裡的房間為設計概念

飯店重新翻修自20世紀初建造的美國水手工會建築，以船艙為主題的客房小巧舒適。雖然在交通位置上有些許不便，不過備有共用衛浴的客房，很受想省錢的旅客歡迎。

DATA ㊋ⓂA‧C‧E線14 ST站步行7分 ㊟113 Jane St.(at Washington St.) ☎(1-212)924-6700 ㊎上下舖船艙房（衛浴共用）$79～ 200間

R

1.標準房型 2.紅磚打造的莊嚴建築物

［符號說明］R 餐廳、P 游泳池、F 健身房

中城 別冊MAP P24B3

紐約市中心希爾頓酒店
New York Hilton Midtown

座落在中城的心臟地帶，交通非常方便。寬敞的客房裡最新設備一應俱全，簡單大方但功能性十足。

DATA 交ⓂB·D·E線7 AV站步行3分 住1335 Ave. of the Americas(bet.W.53 & 54 St.) ☎(1-212)586-7000 金特大客房$329～ 1980間 R F

中城 別冊MAP P24B4

紐約時代廣場喜來登酒店
Sheraton New York Times Square

在2012年結束了大規模整修，給人更新潮、更時尚的印象。座落在中城的中心區，要去哪裡都很方便。

DATA 交ⓂB·D·E線7 AV站步行1分 住811 7 Ave. (at W.52 St.) ☎(1-212)581-1000 金傳統客房$278～ 1781間 R F

中城 別冊MAP P25D2

紐約四季酒店
Four Seasons Hotel New York

離第五大道和博物館大道很近，在觀光和逛街購物上都很方便。也有可以俯瞰著中央公園的客房。

DATA 交ⓂN·Q·R線5 AV／59 ST站步行5分 住57 E.57 St.(bet. Madison & Park Ave.) ☎(1-212)758-5700 金城市景觀客房$725～ 368間 R F

中城 別冊MAP P24B2

紐約柏悅酒店
Park Hyatt New York

鄰近卡內基音樂廳的頂級飯店。有可以眺望中央公園景色的11種套房。

DATA 交從ⓂN·Q·R線57 ST站徒步3分 住153 W.57 St.(bet. 6 & 7 Ave.) ☎(1-646)774-1234 金柏悅豪華客房$775 210間 R F

中城 別冊MAP P22A2

紐約時代廣場W酒店
W New York Times Square

座落在中城的商業區的大型飯店。在裝潢得大方雅致的客房裡，Bliss的盥洗用品等備品一應俱全。

DATA 交ⓂN·Q·R線49 ST站步行5分 住1567 Broadway (at W.47 St.) ☎(1-212)930-7400 金奇妙客房$279～ 552間 R F

中城 別冊MAP P9C1

Affinia Manhattan

離賓州車站僅1個街區的距離，時代廣場也在步行範圍內。以白色為基礎色調的客房寬敞且機能性佳。服務也無可挑剔。DATA 交Ⓜ1·2·3線34 ST-PENN STATION站步行3分 住371 7 Ave.(at W.31 St.) ☎(1-212)563-1800 金客房$203～ 618間 R F

中城 別冊MAP P23D3

紐約君悅酒店
Grand Hyatt New York

緊鄰著中央車站的地點。近年才重新整修過的客房配有最新的設備，寬敞又舒適。

DATA 交Ⓜ4·5·6·7·S線GRAND CENTRAL-42 ST站即到 住109 E.42 St.(at Grand Central Terminal) ☎(1-212)883-1234 金標準客房$239～ 1306間 R F

中城 別冊MAP P22B2

紐約馬奎斯萬豪酒店
New York Marriott Marquis

位於時代廣場的正中央，但是隔音設備很好，相當安靜。前往觀賞音樂劇時最為方便，風景也很漂亮。

DATA 交ⓂN·Q·R線49 ST站步行5分 住1535 Broadway (at W.46 St.) ☎(1-212)398-1900 金客房$254～ 1949間 R F

中城 別冊MAP P22A3

紐約時代廣場威斯汀酒店
The Westin New York at Times Square

地點絕佳，就在時代廣場的旁邊，可以盡情地享受紐約的魅力。館內豪華又舒適。

DATA 交ⓂA·C·E線42 ST-PORT AUTHORITY BUS TERMINAL站步行1分 住270 W.43 St.(at 8 Ave.) ☎(1-212)201-2700 金傳統客房$305～ 873間 R F

中城 別冊MAP P23D4

The Kitano New York

紐約唯一由日本人經營的飯店。日本料理餐廳和日文報紙的服務等，以對日本旅客無微不至的服務態度搏得好評。

DATA 交Ⓜ4·5·6·7·S線GRAND CENTRAL-42 ST站步行5分 住66 Park Ave.(at E.38 St.) ☎(1-212)885-7000 金客房$249～ 149間 R

中城 別冊MAP P25C3

紐約半島酒店
The Peninsula New York

建設於1905年的歷史悠久建築。優雅的客房裡有十分舒適的床鋪和附有電視的大理石浴室。

DATA 交ⓂE·M線5 AV/53 ST站步行2分 住700 5 Ave. (at W.55 St.) ☎(1-212)956-2888 金高級客房$595～ 239間 R P F

上西區 別冊MAP P24A2

紐約文華東方酒店
Mandarin Oriental New York

位於時代華納中心內的超高級飯店。佔據38～54F的高樓層，可以一覽中央公園和摩天大樓景觀。

DATA 交Ⓜ1·A·B·C·D線59 ST-COLUMBUS CIRCLE站即到 住時代華納中心內(→P92) ☎(1-212)805-8800 金城市景觀客房$695 244間 R P F

旅遊資訊

美國出入境的流程

入境美國

1 抵達 Arrival

紐約近郊共有3座機場，目前國內起飛的直航班機只在甘迺迪國際機場起降。下飛機後，請遵循標示前往入境審查。

2 入境審查 Immigration

準備好護照和回程機票（或是電子機票收據）、在飛機上領取的海關申報單在「旅客（Visitors）」的櫃台排隊。向審查官出示護照以後，會被問到停留天數、停留目的等問題，請照實回答。然後會採集指紋及人像攝影。通過審查之後，會歸還護照。

3 提領行李 Baggage Claim

結束入境審查之後，就可以去領取行李。找到顯示自己所搭乘飛機班次的行李轉盤，領取託運的行李。倘若入境審查花上很多的時間，行李可能已經從轉盤上拿下來了，請留意。萬一行李沒有隨著轉盤出來或行李箱破損時，請告知工作人員，並出示行李條（Claim Tag）。

4 海關申報 Custom Declaration

出示海關申報單和護照。不需要申報的話就走綠色燈號的櫃檯。需要申報的人請走紅色燈號的櫃檯，接受行李檢查。

5 入境大廳 Arrival Lobby

甘迺迪國際機場的各航廈都只有一個出口。

●海關申報單的填寫範例

就算沒有需要申報的物品也必須繳交海關申報單。全家人寫在同一張即可，但是如果姓氏不同，就需分開來填寫。該申報而未申報的話會受到處罰，所以請確實申報。除了簽名以外請一律以英文填寫。

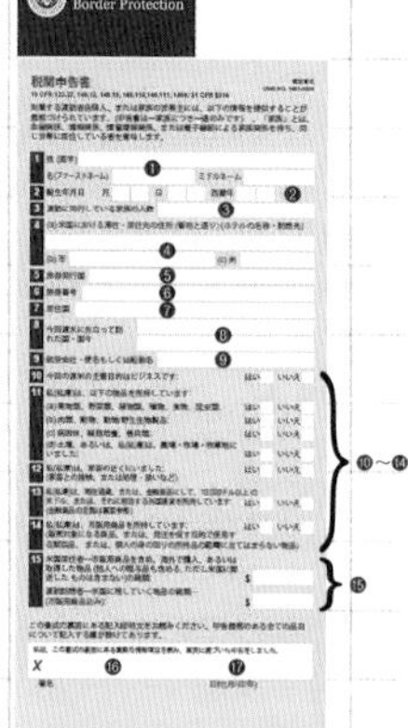

❶上欄：姓、下欄：名
❷出生年月日（日、月、西元年的末2位）
❸同行家人的人數（本人除外）
❹下榻的飯店名稱及地址（市、州）
❺護照發行國家
❻護照號碼
❼居住的國家
❽入境美國前造訪的國家
❾班機班次
❿～⓮請勾選「是」或「否」
⓯上欄：只有居住美國者要填、下欄：只有旅客要填
⓰簽名（跟護照上同樣的簽名）
⓱填寫日

●入境美國時的限制

○申報品項

現金…沒有攜入、攜出的限制。只不過，金額相當於1萬美元以上必須申報。

伴手禮類相當於＄100以上必須申報。

○主要的免稅範圍

酒類約1公升以內。香菸200根、或是雪茄100根以內。

※攜帶酒類或香菸的人需滿21歲以上。

○主要的違禁品

肉製品（含萃取物、泡麵等）、猥褻物、毒品、槍砲、動植物、食品（含水果、蛋製品等）、仿冒品等。

出國時的注意事項

請在出發的10天～1個月前確認

●入境美國的條件

○護照的剩餘有效期限

入境時最好還有90天以上。

○免簽證計畫的利用條件

利用ESTA取得旅行授權。意指以商用、觀光或是過境為目的，停留90天以內的情況。需攜帶本國的晶片護照或是機械讀取式護照、去回或是前往下一個目的地的機票、船票（如果是電子機票的話要有行程確認書）。

確定旅程後的準備

●ESTA（旅行授權電子系統）

不用取得簽證，以短期（最長90天）的觀光、商務或是過境為目的入境美國時，必須申請「ESTA」。費用為＄14，於申請時以指定的信用卡支付。目前可以使用萬事達卡、VISA卡、美國運通卡及Discover卡（JCB）。最晚要在班機起飛的72小時前取得。自認證日起2年內有效（2年內護照先到期時，則以護照的有效期限為準）。可以上ESTA的官方網站申請。

URL https://esta.cbp.dhs.gov/上申請。

安全飛航計畫（Secure Flight Program）是以強化美國起降的民航機安全為目的的計畫。在訂購機票或行程時，需輸入護照上的姓名、出生年月日、性別、補救代碼（※如果有的話）。

決定要去旅行之後，就要馬上確認重要的出國資訊！做好萬全的準備前往機場。

出境美國

1 報到 Check-in

請於班機起飛的2小時前抵達機場。首先在要搭乘的航空公司櫃台出示護照和機票（或是電子機票收據）。幾乎所有的航空公司皆已導入自助報到機，也可以看著畫面完成報到手續。雖然也有不少機器提供中文介面，如果還是不會操作，可以詢問附近的地勤人員。完成報到手續，領取登機證以後，再把要託運的行李拿到櫃台，領取行李條（Claim Tag）。託運的行李會在乘客無法陪同的地方進行檢查，上鎖的行李箱鎖可能遭到破壞，而且就算鎖被弄壞，也不在保險的理賠範圍內，請特別注意。

2 手提行李檢查 Security Check

要帶上飛機的所有手提行李需通過X光機。身上穿戴的金屬類請事先全部取下。在這裡同時也會進行出境審查。

3 出境大廳 Departure Floor

確認好登機門的位置，在登機證上標示的登機時間前不妨去買點東西、或在咖啡廳、餐廳消磨時光。在免稅店買東西的時候必須出示登機證和護照。另外，登機時也會再檢查一次登機證和護照。

●關於TSA鎖

TSA鎖是經由美國運輸安全署TSA（Transportation Security Administration）承認、許可的鎖。如果使用這種鎖，即使在安全檢查最為嚴格的美國，也可以在上鎖的情況下託運。推薦給「託運不上鎖的話會不放心」的人，配有TSA鎖的行李箱和綁帶市面都有販售。

●台灣直飛紐約的航空公司

從台灣直飛紐約的飛行時間大約為14～17小時，直航班機在桃園機場每天都有班次起降。

航空公司	洽詢專線
中華航空（CI） 第二航廈	中華航空訂位專線 ☎02-412-9000 URL http://www.china-airlines.com/
長榮航空（BR） 第二航廈	長榮航空訂位專線 ☎02-2501-1999 URL http://www.evaair.com/
新加坡航空（SQ） 第二航廈	新加坡航空訂位專線 ☎02-2551-6655 URL http://beta.singaporeair.com/zh_TW/tw/home

○攜帶液體類登機的限制

旅客身上或隨身行李內攜帶的液體、膠狀及噴霧類物品的容器，體積在未超過100ml，且裝於不超過1公升而且可以重複密封的透明塑膠袋內，即可帶入機內。詳情參考交通部民用航空局URL www.caa.gov.tw/big5/index.asp

回國時的限制

●主要的免稅範圍

酒類	1公升（年滿20歲）
菸類	捲菸200支或雪茄25支或菸絲1磅（年滿20歲）
其他	攜帶貨樣的完稅價格低於新台幣12,000元
貨幣	新台幣10萬元以內；外幣等值於1萬美元以下；人民幣2萬元以下

※超過需向海關申報

如需申報，請填寫「海關申報單」，並經「應申報檯」（即紅線檯）通關 ▶▶▶

●主要的禁止進口與限制進口物品

○毒品危害防制條例所列之毒品。
○槍砲彈藥刀械管制條例所列之槍砲、彈藥及刀械。
○野生動物之活體及保育類野生動植物及其產製品，未經行政院農業委員會之許可，不得進口；屬CITES列管者，並需檢附CITES許可證，向海關申報查驗。
○侵害專利權、商標權及著作權之物品。
○偽造或變造之貨幣、有價證券及印製偽幣印模。
○所有非醫師處方或非醫療性之管制物品及藥物。
○其他法律規定不得進口或禁止輸入之物品。

小小資訊 補救代碼（Redress Number）是由美國國土安全部（DHS）發給的代碼，避免旅客出於與恐怖份子同名同姓等因素，而遭誤認的補救措施。

機場～紐約市中心的交通

甘迺迪國際機場（JFK）

John F. Kennedy International Airport

位於曼哈頓的東南方約24公里處，是紐約最大的國際機場。包含目前關閉的第3、6航廈在內，共有8座航廈，從台灣出發的直飛班機都是在這座機場起降。每家航空公司利用的航廈都不一樣，因此請事先確認清楚。

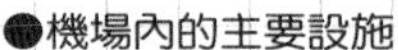

●機場內的主要設施

各航廈內都有交通服務處、貨幣兌換處、ATM、商店、咖啡廳、餐廳等設施。交通服務處提供離開機場搭乘的交通工具諮詢，以及販售各種交通票券。

○名牌精品店

在出境大廳有名牌精品店，商店的數量各航廈都不同。第1和第8航廈的店家最齊全。第2航廈的商店比較少。

○用餐

出境大廳有餐車及酒吧、餐廳，所以直到出發的前一刻都還可以用餐。

●主要航空公司的國際線航廈

長榮航空（BR）第1航廈
中華航空（CI）第4航廈
新加坡航空（DL）第4航廈

※第4航廈是達美航空的國際線專用航廈，於2013年5月重新啓用。

●航廈之間的移動請搭乘機場捷運

轉機等在航廈之間的移動可搭乘機場捷運Air Train。會在各航廈及停車場等機場內的主要設施停靠，只要是在機場內，即可免費轉乘。

交通工具	特色	費用（單程）	營運時間／所需時間
Super Shuttle（共乘巴士）	行駛於機場各航廈與飯店之間的共乘制接駁巴士。除了可以在交通服務處訂票以外，也可以上網訂票。 URL www.goairlinkshuttle.com/	$19	5～24時/ 45～90分
NYC Airporter	從各航廈到中央車站、賓夕法尼亞車站、港務局巴士總站等地的巴士。也有開往23 St.與63 St.之間主要飯店的免費接駁車。	$16	5時～23時30分（免費接駁巴士為9～21時）/ 約90分
計程車	同行人數較多時及行李較多時非常方便。為避免搭到白牌計程車，請在正規的計程車招呼站搭車。	$52＋ 通行費＋小費	24小時/ 30～60分
AirTrain JFK＋地鐵	搭乘停靠各航廈的機場捷運轉乘地鐵A、G、J、Z線。由於需換車，行李較多時相當不便，但優點就是便宜。	$7.50	24小時/ 50～75分

小小資訊　紐約近郊3座機場的詳細資訊請上URL www.panynj.gov/airports/確認。

紐約有3座機場，台灣起飛的直航班機都是在甘迺迪國際機場（JFK）進出。經他國或美國境內轉機的班機，則可能在紐華克國際機場（EWR）或美國國內線專用的拉瓜迪亞機場（LGA）起降。

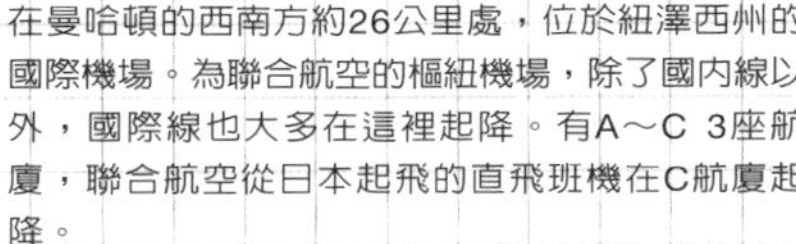

紐華克國際機場（EWR）

Newark Liberty International Airport

在曼哈頓的西南方約26公里處，位於紐澤西州的國際機場。為聯合航空的樞紐機場，除了國內線以外，國際線也大多在這裡起降。有A～C 3座航廈，聯合航空從日本起飛的直飛班機在C航廈起降。

●機場內的主要設施

各航廈內都有貨幣兌換處、ATM、商店、咖啡廳、餐廳等。C航廈的出境大廳還有COACH及Brooks Brothers等美國名牌的精品店。可向交通服務處詢問離開機場的交通工具。

交通工具	特色	費用（單程）	營運時間／所需時間
Super Shuttle（共乘巴士）	行駛於機場各航廈與飯店之間的共乘制接駁巴士。除了可以在交通服務處訂票以外，也可以上網訂票。 URL www.goairlinkshuttle.com/	$23	5～24時/ 60～90分
Newark Liberty Airport Express	從各航廈到中央車站、布萊恩公園、港務局巴士總站等地的巴士。	$16	4時～翌1時/ 約50分
計程車	同行人數較多時及行李較多時非常方便。為避免搭到白牌計程車，請在正規的計程車招呼站搭車。	$50～70＋通行費＋小費	24小時/ 30～50分
AirTrain＋New Jersey Transit	搭乘停靠各航廈的機場捷運，在紐華克國際機場站轉乘紐澤西捷運（New Jersey Transit），往賓夕法尼亞車站。	$12.50	5時～翌2時左右/ 40～50分

拉瓜迪亞機場（LGA）

別冊
MAP
P2D1

La Guardia Airport

距離曼哈頓約13公里，是3個機場中最近的。為國內線專用的機場，達美航空等國內線都在這裡起降。從台灣經由美國境內入境時也可能在這座機場起降。

●機場內的主要設施

雖然有4個航廈，但是各航廈的商店和餐廳都很少。前往紐約市內的交通請向交通服務處詢問。

●離開機場的交通工具

Super Shuttle（共乘巴士）單程＄15～，需時約45～60分。計程車則是＄25～40＋通行費＋小費，需時30分左右，因此若是2人以上搭乘既快又便宜。開往中央車站和賓夕法尼亞車站、港務局巴士總站的NYC Airporter單程＄14，需時40～80分；和JFK發車的相同，也有往23 St.和63 St.間主要飯店的免費接駁車。另外，搭M60路巴士往Ⓜ1線CATHEDRAL PKWY站也是一種選擇。需時約40分。

機場內的扒手、竊盜、白牌計程車等被害案件時有所聞，因此請不要讓行李離開視線範圍，隨時保持高度警覺。

市內交通

主要的交通工具有3種，最簡單又確實的當屬地下鐵，但缺點是不利於東西向的移動。不妨靈活搭配巴士和計程車，自由自在地暢遊市區。

市區遊逛小建議

曼哈頓的道路呈棋盤狀，所以相當簡單明瞭。
只要記住主要的路名，光看地址也能知道大致位在哪一帶。

●地址標示

正式的地址格式為門牌號碼＋路名（街或者是大道），但是為了便於辨識，也有同時出現街和大道的情況。在補充地址標示時會使用到的代表性字彙如下。

between（bet.）A & B→A與B之間
corner of（cnr. of）C→C的轉角
at D →D路口

●門牌號碼的規則

門牌號碼以一側是奇數、另一側偶數的方式排列。南北向的大道由南到北號碼數字越來越大，奇數門牌在道路東側，偶數則在西側。東西向的街以第五大道為中心，West是往西方門牌數字越大，East則是越往東數字越大。奇數門牌在馬路北側，偶數則在南側。

●大道和街

大道（Avenue）為南北向縱走的馬路，地址標示簡寫成Ave.。由東向西共有1～12 Ave.，各Ave.之間的距離約250公尺。另一方面，街（Street）為東西向橫貫的馬路，標示為St.。以第5大道為界，以東稱之為East，以西稱之為West，各自會在路名前面標示E.、W.。St. 之間的距離約80公尺。

●地址的讀法範例

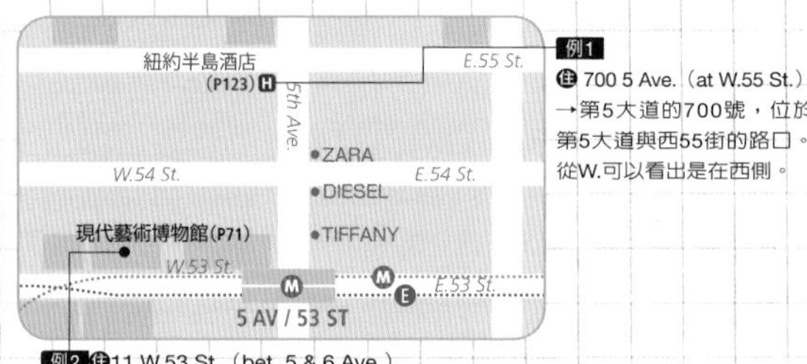

例1 住700 5 Ave.（at W.55 St.）
→第5大道的700號，位於第5大道與西55街的路口。從W.可以看出是在西側。

例2 住11 W.53 St.（bet. 5 & 6 Ave.）
→西53街的11號，位於第5大道與第6大道之間。由於門牌號碼是奇數，可以得知是在馬路的北側。

划算的地鐵票卡

如欲搭乘地鐵和巴士，以地鐵票卡（MetroCard）最方便。可以在地鐵站內的售票亭或自動售票機等處購買。請配合停留天數選擇票卡。第一次購買時需要＄1的手續費。

地鐵周遊券為塑膠製。
看起來都一樣，所以請留意。

○無限次搭乘卡 Unlimited MetroCard

可以在限定的天數內自由搭乘地鐵和巴士。分成7日票＄31和30日票＄116.50等，各自的效期都是到最後一天的24時為止。即使只停留幾天，只要搭乘地鐵或巴士達13次以上，買7日票就會比較划算。請注意一旦通過剪票口，18分鐘以內將不得再利用同一個地鐵站的剪票口，或同一條巴士路線。

○按次扣款卡 Pay-Per-Ride MetroCard

每次搭車時扣除車資的預付式票卡，又稱為Regular。加值＄5以上，車資會打95折。2小時內巴士轉巴士、巴士轉地鐵、地鐵轉巴士等都是免費轉乘。最多可4人同時使用同一張票卡，因此同行人數較少時只要1張就夠了。

地鐵票卡的加值（Refill）方法

加值的單字是Refill。如果是在地鐵站內的售票亭，可以加值＄5～＄80，售票機則可以加值＄5～＄100。售票機的加值程序如下。

1. 選擇語言。也有顯示中文的機器
2. 選擇MetroCard
3. 選擇Refill
4. 將卡片插入機器裡
5. 選擇加值金額
6. 支付費用。也有可以使用信用卡的機器
7. 取回卡片

小小資訊　地鐵票卡的餘額可以利用設置在剪票口附近的「MetroCard Reader」來查詢。

地鐵 Subway

別冊 MAP P26

紐約地鐵有如蜘蛛網般四通八達。共有22條路線，其中21條都會經過曼哈頓。各路線以數字或英文字母標示，共分成9種顏色。又分為各站停靠和快車，因此乘車時請小心避免搭錯車種。

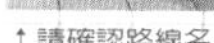

↑請確認路線名

←可以向車站內的售票亭索取路線圖

○費用

全線均一費用＄2.50。不過，1次票只能用自動售票機購買，＄2.75。

1次票

○行駛時間

24小時行駛。（各路線不同）

●購買車票的方法（以地鐵票卡為例）

可以在各車站的自動售票機購買。為觸控式螢幕，幾乎所有的機器都可以使用信用卡。

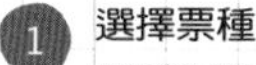

① 選擇票種

選好介面語言以後，點選Metro Card。接著再按下Get New Card→選擇Regular或Unlimited。

② 選擇金額

如果是Unlimited請選擇7日票或30日票，如果是Pay-Per-Ride則按下想要購買的金額。若超過畫面顯示的金額，也可以自行輸入。

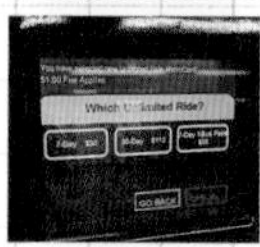

③ 選擇付款方法

從現金、信用卡、金融卡中選擇。也有不接受現金的機器。

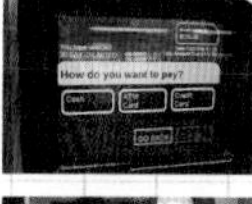

④ 取票

投入畫面顯示的金額，黃色的票口就會吐出票卡。請留意以現金購票時，找零最多只找＄6。使用金融卡、信用卡等則需4位密碼。

●便於觀光的路線

○N・Q・R線

沿著百老匯大道行駛。N、R在曼哈頓地區內各站停靠，Q為快車。

○4・5・6線

連結上東區與下曼哈頓，開往布魯克林。4、5線為快車。

○1・2・3線

連結上西區與下曼哈頓，開往布魯克林。2、3線為快車。

注意要點

○深夜及清晨請在站務員看得見的「離峰時間候車區（Off-Hours Waiting Area）」候車。

○盡可能避免坐在設置於各車廂的博愛座Priority Seat。

○將卡片刷過剪票口的時候，請慢慢地刷過去，比較不會出現錯誤訊息。

○旋轉門式的剪票口經常會來不及在刷過地鐵票卡之後同時進站，這時由於18分鐘以內不得再次進入，所以請老實地等待，或是到有站務員的剪票口出示卡片，請求放行。

●搭乘地鐵

路線有些複雜。請先仔細確認過路線號碼、目的地、是各站停靠還是快車等再上車。

① 尋找車站

目標是通往地下的樓梯和以顏色區分的路線名。紅色燈號代表出口專用，綠色燈號則表示車站有24小時營業的售票亭。請先確認路線名以及Uptown、Downtown等方向。

② 購票

地鐵票卡在售票亭及自動售票機都有販賣，1次票則僅在自動售票機販賣。也有無法使用現金的自動售票機。

③ 過剪票口

將地鐵票卡或1次票刷過剪票閘門的感應器，等到亮起Go的字樣和藍色燈號以後，就可以推開三柱轉軸進到車站內。

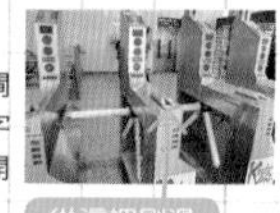

從這裡刷過

④ 上月台

按照路線名稱和方向的指示前往月台。方向多半是以Uptown或者是Downtown表示，通常Uptown是往北走、Downtown是往南行。

⑤ 乘車

有些車站會在月台上顯示電車的抵達時刻。請先確認過顯示在進站電車的前方車廂和側面的路線號碼及行駛方向後再上車。

⑥ 下車

車上會廣播站名和轉乘路線。請先確認過標示在月台上的站名後再下車。

⑦ 出站

遵循Exit的標示前往剪票口。不需要再刷卡，直接推開三柱轉軸出站即可。

○轉乘

轉乘站會在月台上標示出路線號碼。如果是有數條路線交會的車站請往標示著Transfer的方向前進。

小小資訊 週末的快車會變成各站停靠或停駛，也可能不會照表定方式行駛。所以每次搭乘時請先確認過再上車。

巴士  Bus

巴士路線遍及整個紐約市內，尤其是在地鐵路線較少的東西向移動時，就能發揮其便利性。缺點在於需具備一點地理概念和停車間距較短、移動上較花時間，不過學會搭乘後就能有效提升觀光效率。

←官方發行的巴士路線圖

↑學會搭乘四通八達的路線巴士吧

○費用
全線均一費用＄2.50。乘車時除了可用現金支付以外，也可以利用地鐵票卡。請注意以現金支付時不找零。要轉乘巴士時，只要在上車的時候索取轉車證明Transfer，就可以免費轉乘1次。若持地鐵票卡，2小時內可免費轉乘。

○行駛時間
主要路線為24小時行駛。（各路線不同）

●確認路線的方法

在地鐵站的售票亭和旅遊局等地可索取大略的路線圖。巴士站也設有路線圖。

1 索取路線圖

路線圖會以顏色區分各路線，起站、終點站及巴士行駛方向、主要路名也都標示得很清楚，簡單明瞭。行駛於曼哈頓的路線名稱上會有個「M」字。

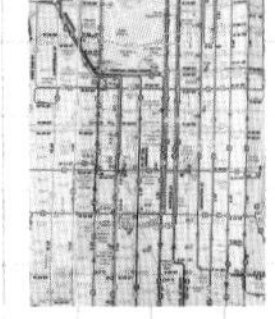

2 在巴士站確認

確認路線後尋找巴士站。在曼哈頓，南北向每2～3個街區，東西向的各街區就設有巴士站。巴士站的路線圖上會標註停靠站名和轉乘路線，請先仔細確認再搭車。

●便於觀光的路線

○橫貫中央公園
M66、M72、M79、M86、M96、M106

○東西向移動時（路名和路線號碼一樣）
M8、M14A、A14D、M23、M34、M42、M50、M57

 注意要點

○支付現金時只能使用1￠以外的硬幣。
○盡可能避免坐在車內前方的博愛座上。
○最好避免在乘客比較少的7時前和23時以後搭乘。
○乘客比較多的M15、M34、M60在巴士站設有售票機。請務必在上車前把票買好。3個門都可以上車。
○如果是24小時行駛的巴士，有一種名為「Stop A Request」的系統。23時～凌晨5時可以在路線上任何喜歡的地方下車，所以上車時請告訴司機想要下車的地點，讓司機在最靠近又最安全的地方停車。

●搭乘巴士

由於巴士站的間隔很短，就算不小心坐過一站也不用擔心。別害怕坐錯，先試著坐坐看吧。只要掌握住搭乘的訣竅，就會發現巴士其實比地鐵還要方便。

1 尋找巴士站

巴士站都會有藍色的站牌可供辨認。請確認上頭有沒有自己要搭乘的路線號碼。

2 確認路線

事先利用停靠站的路線圖來確認下車的巴士站名稱和轉乘的路線號碼等。巴士站也有時刻表，但是因為會受到路況相當大的影響，所以做不得準。

3 乘車

巴士進站後，先確認寫在車頭的路線號碼。不需舉手攔車。等巴士停妥，車門打開以後，再從前方的車門上車，支付車資。如果需要轉乘證明請告訴司機。使用地鐵票卡時，請讓正面朝向自己，插入驗票機。

4 在車內

上車後請往車廂裡面移動。開車時會廣播下一個停靠站名，所以請不要漏聽了。下車時請按下紅色按鈕或是位於座位旁邊窗邊黑色或黃色的壓條。按下之後前方就會亮起「Stop Request」的燈號。

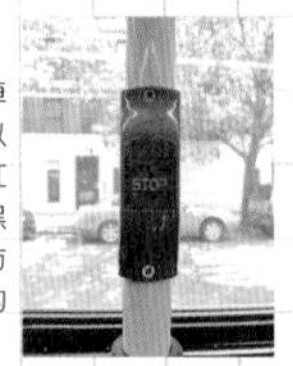

5 下車

請從前門或後門下車。車門分成自動式和半自動式，如果已經停車門還沒開，只要按下黃色壓條，車門就會開啓。

每條路線的巴士行駛間隔雖然會標示在路線圖上，但是也有很多班次非常少的路線。由於比較難以掌握時間，所以趕時間的時候也可以把搭乘計程車列入考慮。

計程車

Taxi

又暱稱為「Yellow Cab」的黃色計程車，在行李很多的時候非常方便，但是在交通尖峰時段很難攔到計程車。費用為跳表制，需支付小費。

↑黃色的車身很好認

●計程車車資

起跳為1/3英哩以內＄3，之後每1/5英哩增加40￠。等紅綠燈或塞車時每60秒增加40￠。平日的16～20時為尖峰時段，這段時間每60秒增加＄1。20時～凌晨6時為深夜費用，最後的金額要再加上50￠。收費道路或過橋之類的通行費由乘客負擔。小費為車資的15～20%左右。

注意要點

◯不容易在人來人往的中城攔到空車。尤其傍晚的時代廣場附近及第五大道為激戰區。
◯正規的計程車為黃色的車身。請小心白牌計程車。
◯司機有時候不會準備那麼多零錢，所以請準備好小面額的紙鈔。
◯塞車時會比想像中還要花時間。不妨觀察車流量，趁早考慮是否要改搭別的交通工具。

曼哈頓的三大轉運站

中央車站 Grand Central Terminal

連結曼哈頓與郊外的長途火車都在這裡發車、停靠。也不要錯過布雜風格的莊嚴建築物。（→P90）

賓夕法尼亞車站 Pennsylvania Station

開往紐澤西州方向的火車都在這裡發車、停靠。位於麥迪遜花園廣場的地下。別冊MAP●P8B1

港務局巴士總站
Port Authority Bus Terminal

行駛於波士頓等各大都市之間。1天約有20萬人搭乘，是全美最大的巴士總站。別冊MAP●P22A3

●搭乘計程車

要前往知名觀光景點以外的地方時，如果對英語沒有自信的話，不妨事先把地址寫在紙上。

尋找計程車

最好從主要車站或飯店附近的招呼站搭乘。如果要攔路上的計程車，只要把手舉起來即可。在十字路口附近等待會比較有效率。車頂上的燈若是亮著的就表示是空車。

乘車

告訴司機目的地，或把事先寫好地址的紙條交給司機。地址不要只寫路名和門牌號碼，清楚標出哪裡和哪裡之間（bet. A & B→參照P128）會更好溝通。上車後也請檢查一下有沒有確實跳表。

3 付錢&下車

確認過計費表，再加上15～20%左右的小費付給司機。所有的計程車都可以刷卡，如果是觸控式的畫面，請依照指示操作。

當地導覽行程

Look American Tour
☎（1-212）424-0800 ㊰9～21時 ㊡無休
URL www.looktour.net/
myBus オプショナルツアー

時間不多的觀光客參加旅行團會比較方便。也有直到出發當天都還可以報名的行程，但還是建議提早預約。

紐約1日市區觀光

從熱門景點到近年引發話題的地點等，由資深導遊導覽曼哈頓必訪的觀光名勝。渡輪之旅則充滿紀念照拍攝景點。

〔出發／需時〕8時／需時7小時
〔出團日〕每天（12/25除外）
〔費用〕＄77～

大都會藝術博物館解說行程

跟著專業的導遊欣賞繪畫及雕刻的傑作。可以有效率地欣賞不容錯過的作品。

〔出發／需時〕9時30分／需時2小時30分
〔出團日〕週二、三、五～日（7～9月為週二～日）（12/25、1/1除外）〔費用〕＄65～

Woodbury Common 紐約暢貨中心購物之旅

前往也深受紐約客喜愛的巨大暢貨中心來趟血拼之旅。附贈150家店都可以用的折扣券。

〔出發／需時〕9時／需時7小時30〔出團日〕週一、二、四～六（4/5、11/26、12/25除外）〔費用〕＄57～

飽覽夜景之旅 ～盡情欣賞曼哈頓夜景～

從皇后區、布魯克林、曼哈頓、紐澤西等4個據點出發，欣賞摩天大樓的夜景。

〔出發／需時〕20時／需時3小時15分
〔出團日〕每天（7/4、12/31除外）〔費用〕＄53～

尼加拉瀑布1日遊

夏天搭乘觀光船、冬天從瀑布內側的隧道近距離地欣賞尼加拉瀑布。附來回機票、午餐。

〔出發／需時〕出發時刻每天不同／需時15小時
〔出團日〕每天（冬季僅週二、四～日）（11/26、11/29、12/25、12/31除外）〔費用〕＄435～

美國棒球觀戰行程

坐在洋基球場的1F座位觀賞當地的大聯盟球賽。附來回的導覽，可以很放心。

〔出發／需時〕球賽開始前2～3小時／需時5小時〔出團日〕洋基球場的主場賽舉行日〔費用〕＄155～

以上行程是2015年2月時的資訊，皆為全日語導覽。費用和內容因應地狀況可能變動。
此外也可能因假日、天氣等因素停辦，申請時請先確認。

旅遊常識

紐約是來自世界各國的人齊聚一堂的大都會，多元的文化和習慣都混在一起，建議事先好好地預習基本的規矩和禮儀。

貨幣資訊

美國的貨幣單位為美元（$）。匯率為浮動制，$1相當於100美分（¢）。另外，紙鈔、硬幣各有6種，為了防止偽造，紙鈔會依序變更設計。現金請只帶最低限度的所需金額。

$1≒約32.82元

(2015年11月匯率)

每張紙鈔都是同樣的顏色和大小，所以在使用時請小心。一般在市面上流通的硬幣為1、5、10、25¢，各自稱為Penny、Nickel、Dime、Quarter。也有50¢和$1的硬幣。隨時準備好最常用來付小費的$1紙鈔會很方便。除了現金以外，也可以使用信用卡和國際金融卡等，所以請配合狀況分開來使用。

$1

$5

$10

$20

$50

$100

1¢
Penny

5¢
Nickel

10¢
Dime

25¢
Quarter

●貨幣兌換

有很多可以兌換貨幣的地方，但還是不要只帶著台幣就出國，有備才能無患。雖然銀行及民間的貨幣兌換處、飯店等場所都可以兌換貨幣，但是匯率和手續費都不一樣，所以請盡量選擇有利的地方來兌換。

國內的銀行	街上的銀行	貨幣兌換處、飯店	ATM
匯率比較好 最聰明的辦法是先在國內的銀行換好預計要用到的現金。如果沒有時間的話，不妨趁出發前在機場的銀行換好需要的部分。	營業時間比較短 匯率雖然好，但是週末不開門等營業時間比較短是其缺點。有時候會被要求出示護照等，會花很多時間在手續上。	方便但手續費較高 地點較多，營業時間也長，使用上很方便。不過機場的貨幣兌換處和飯店等處的匯率和手續費較貴。市區的兌換處匯率相對較佳。	簡單又方便 用信用卡或國際金融卡提領現金。市區到處都有提款機，而且24小時都可以使用，所以在緊急的時候非常方便。

有這2間大銀行

花旗銀行

美國大通銀行

位於甘迺迪國際機場內的ATM

ATM有用的英文單字

密碼…PIN/ID CODE/SECRET CODE
確認…ENTER/OK/CORRECT/YES
取消…CANCEL
交易…TRANSACTION
提領現金…WITHDRAWAL/CASH ADVANCE
金額…AMOUNT

小小資訊

美國是個塑膠貨幣的社會，但是咖啡廳和餐廳等不能使用信用卡的店意外地多。另外，也有些地方會規定刷卡的下限，所以手上現金剩下沒多少時最好事先確認一下。

旅遊季節

節日及復活節期間餐廳和商店可能公休，因此確定旅行日期前最好事先確認一下。

主要節日

1月1日	元旦
1月19日※	馬丁·路德·金恩日（1月第3週一）
2月12日	林肯誕辰（僅紐約州）
2月16日※	總統日（2月第3週一）
5月25日※	陣亡將士紀念日（5月最後週一）
7月3日	獨立紀念日補假（僅2015年）
7月4日	獨立紀念日
9月7日※	勞工節（9月第1週一）
10月12日※	哥倫布日（10月第2週一）
11月11日	退伍軍人節
11月26日※	感恩節（11月第4週四）
12月25日	聖誕節

上述為2015年資訊。※代表每年日期都會變動的浮動假日。

主要活動

3月17日	聖派翠克節
4月3日※	耶穌受難日
4月5日※	復活節遊行
6月上旬	東尼獎
7月下旬～	哈林週
8月下旬	全美網球公開賽開幕
9月11日	911恐怖攻擊事件紀念日
9月下旬～	紐約電影節
10月31日	萬聖節
11月1日	紐約城市馬拉松
11月下旬～	聖誕節點燈
12月31日	時代廣場跨年倒數

氣候與建議

春 3～5月	3月多半還是寒冷的天氣，請穿著暖和的服裝。5月就會完全染上春天的氣息，有時候白天還可以穿短袖。	夏 6～8月	7、8月多半是酷熱難當的日子，太陽很大，所以別忘了太陽眼鏡。帶一件長袖襯衫就不怕冷氣太強了。
秋 9～11月	10月上旬～11月上旬是涼爽舒適的季節。早晚有時候會很冷，所以也請做好禦寒措施。	冬 12～2月	寒冬氣溫有時候會降到零度以下。除了帽子和手套等禦寒裝備以外，考慮到下雪也必須準備靴子。
運動比賽觀戰季節	棒球（MLB） 4～9月 美式足球（NFL） 9月～隔年1月 籃球（NBA） 10月～隔年4月 冰上曲棍球（NHL） 10月～隔年4月		

平均氣溫與降雨量

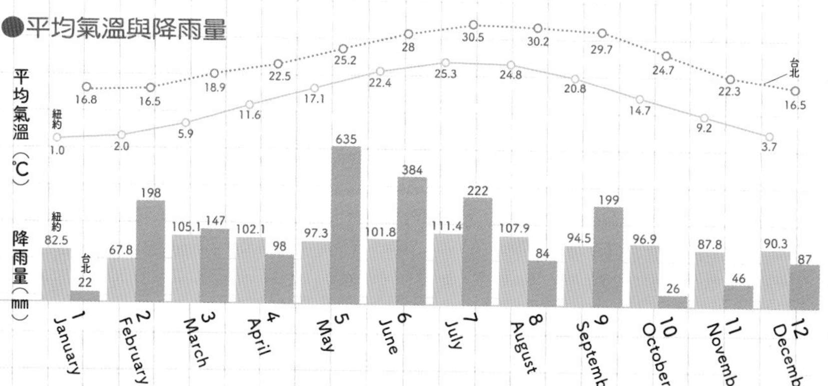

如果是以美術館及音樂劇等室內的活動為主，請鎖定淡季的寒冬。
飯店的費用通常會比較便宜，比較不會構成荷包負擔。不過，要做好萬全的防寒準備。

撥打電話

街頭的公共電話

●從飯店客房撥號時…先按外線專用號碼，接下來再撥打對方的電話號碼。外線專用號碼請參照放在各飯店客房內的說明書。

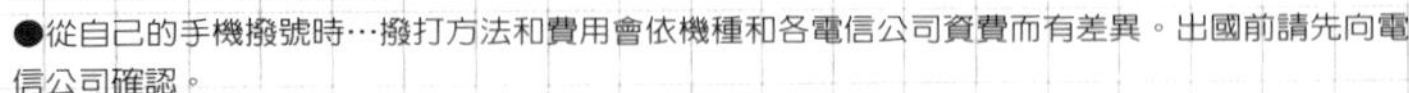

●從自己的手機撥號時…撥打方法和費用會依機種和各電信公司資費而有差異。出國前請先向電信公司確認。

●公共電話…分成僅能使用硬幣，以及可使用硬幣和各種卡片的2種機型。可使用5￠、10￠、25￠等硬幣。電話卡則可在書報攤購得。

●紐約→台灣

011（美國的國際電話識別號碼）—886（台灣的國碼）—對方的電話號碼（拿掉開頭的0）

●台灣→紐約

電話公司的識別號碼（※）—010—1（美國的國碼）—212（紐約的區域號碼）—對方的電話號碼

※各電信公司皆不同，請洽詢自己的電信業者。

●紐約市內通話

1（美國的國碼）–212（紐約的區域號碼）接著直接撥電話號碼即可。如果是從飯店客房撥號，請先按下外線號碼（各家飯店不同）。

網路使用

●在市區

有很多網路咖啡廳，不過設有中文介面的電腦相當少。麥當勞、星巴克等可以免費使用無線網路的地方很多，攜帶智慧型手機和平板電腦時非常方便。尤其是在曼哈頓，美術館內和公園、地鐵站等能使用網路的場所逐漸增加，想使用網路時只需先搜尋附近有無訊號。

●在飯店

紐約的飯店絕大部分的客房都有有線或無線網路可供上網。無線網路則需要密碼，所以辦理住房手續的時候請事先確認SSID和密碼。另外，有些飯店會在大廳或商務中心設置可以讓房客自行使用的電腦設備。費用方面，在客房大多加收每天＄10～15左右，不過大廳等公共空間可免費使用的飯店也越來越多。請在訂房時先確認費用。

郵件、小包寄送

●郵件

除了郵局以外，在飯店的櫃台和藥妝店等處都可以買到郵票。如果要寄回台灣，只要在地址上以英文註明「TAIWAN」「AIR MAIL」，剩下的就可以寫中文了。要寄回台灣的航空信請投入寫著「US MAIL」的藍色郵筒，也可以請飯店的櫃台代為交寄。包裹請直接拿到郵局寄。提出註明內容及重量的交寄單，再貼上註明內容物的綠色貼紙。寄送的期間分成1～3個工作天和3～5個工作天的方案。

從紐約寄回台灣的參考時間費用

內容	重量及尺寸	費用
明信片、信函	1盎司（約28克）以內	$1.15
固定郵資包裹※（Large Flat Rate Box）	30.5×30.5×14公分的箱子20磅（約9公斤）以內	$80.50

※固定郵資包裹為使用6～10日寄送的Priority Mail時的費用

美國郵政　United States Postal Service　URL www.usps.com/（英語）

●快遞

UPS和DHL在台灣有服務中心，也可以用中文上官網託運。要是附近有營業處，還可以到飯店取件。

●UPS　URL http://www.ups.com/asia/tw/chtindex.html

●DHL　URL http://www.dhl.com.tw/zt.html

在海外也可以使用台灣的行動電話，不過通話費和連線費非常昂貴，所以使用的時候請一定要格外小心。可以使用的機種和使用方法請洽詢各電話公司。

飲水、廁所&其他

●自來水可以喝嗎？

基本上，紐約的自來水就算直接喝也沒什麼大問題，但是喝不慣的人或不放心的人最好還是買礦泉水來喝。在攤販及熟食店、藥妝店、超級市場等地都買得到。

●想上廁所怎麼辦？

街頭幾乎找不到公共廁所，所以請利用飯店或百貨公司的廁所。速食店的廁所基本上是給客人專用的，所以緊急的時候至少要先買杯飲料後再使用。

請善加利用百貨公司和購物中心的廁所

●不需攜帶變壓器和轉接插頭

美國的電壓為110～120伏特，而台灣的標準電壓也是110伏特，因此台灣的電器產品在美國也可以直接使用，不需經過變壓器。美國和台灣的插座主要多是A型插座，所以也不需另外準備轉接插頭。

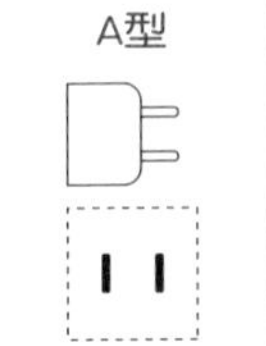

●營業時間

以下是紐約一般的營業時段。有的美術館及博物館會每週設定1天開到比較晚的日子。

商店	時10～18時
餐廳	時12～14時、18～22時
百貨公司	時10～20時
銀行	時8～18時 休週六、日

※視店家而異

●香菸

吸菸的規定非常嚴格。飯店、餐廳、酒吧、機場等公共場所全面禁菸。客房全面禁菸的飯店也愈來愈多。雖然還是可以在街上看到有人邊走邊抽菸，但是在設有菸灰缸的吸菸室以外的地方抽菸還是請自律。對香菸課徵的稅率很高，1盒20根裝約為＄10左右。

●尺寸

○女裝

台灣	服飾	7	9	11	13	15
美國	服飾	4	6	8	10	12
台灣	鞋子	22	23	24	25	-
美國	鞋子	5	6	7	8	-

○男裝

台灣	服飾	36	38	40	41	42
美國	服飾	14	15	16	16 1/2	17
台灣	鞋子	25	26	27	28	-
美國	鞋子	7	8	9	10	-

※以上的尺寸僅供參考，會因製造廠商而有不同，購買時請先試穿確認尺寸。

●紐約的樓層標示

在飯店及百貨公司等設施的樓層標示為1樓是1st Floor、2樓是2nd Floor，和台灣一樣。地下1樓為1st Beasment，用1B表示。飯店的電梯通常是用「L」按鈕來表示大廳層。

●排隊是有技巧的

在超級市場的收銀台前，並不是自行在收銀台前排隊，而是以排成1排依序等待的情況為多。插隊會招來白眼，所以請先確認隊伍的排法再排到最後面。

美國的物價

礦泉水（500毫升）＄1上下

麥當勞的漢堡 ＄1～

星巴克的特調咖啡（S）＄1.99～

生啤酒（1杯）＄4～

計程車起跳價 ＄3～

如果有另外從國外寄回台灣的東西必須另外申報。請在行李的外包裝或寄送單上註明「後送行李」，回國時提出申報單。詳情請上海關網站查詢。URL http://web.customs.gov.tw/

旅遊資訊

規矩＆禮儀

〔觀光〕

●強力好幫手！旅客服務中心

在旅客服務中心收集當地的資訊。也販賣旅遊手冊及地圖、各種票券等。

■紐約市旅遊局

☎（1-212）484-1222　時9～19時（週六10時～、週日11時～）　休無休　URL www.nycgo.com/

○Macy's　別冊MAP●P10B4

○市政府　別冊MAP●P4B2

○唐人街　別冊MAP●P18B4

○南街海港　別冊MAP●P5C2

●索取免費刊物

「The Village Voice」「New York Press」等免費刊物會有活動等的最新資訊。就放在上述的旅客服務中心和飯店等地，所以看到的話不妨主動索取。

●要留心不能拍照的場所

部分的美術館和教堂等地會禁止攝影行為，或是禁止使用腳架、閃光燈、自拍棒等。拍照時請特別留意。

●嚴格的安全檢查

基本上，主要的觀光景點都會用X光檢查手提行李。所以要做好入場時要花時間的心理準備。

●別忘了女士優先

美國是個女士優先的國家。電梯及出入口都是女士優先，所以別忘了紳士風度。女性受到禮讓的時候也別忘了說聲「Thank you」。

●教堂禮儀

教堂不僅是觀光名勝，更是信仰的場所。請摘下帽子，不要喧嘩，盡量避免在做禮拜的時段去參觀。

〔飯店〕

●別忘了給小費

請飯店幫忙搬行李的時候，1件行李要支付＄1～2、客房清潔為1天＄1～2、請飯店幫忙叫計程車時，大約是＄1的小費。

●走廊是公共場所

請不要穿著睡衣或打赤腳在走廊上走。千萬別忘了只要走出客房就是公共場所。

〔用餐〕

●給小費是義務

餐廳一定要給小費。大約是總金額的15～20%左右，只要記住是把帳單上的稅金乘以2就行了。在每點一杯都要先在吧台付錢的酒吧，1杯飲料的小費是＄1，自助式的咖啡廳或速食店則不用付小費。

●訂位、確認著裝規定

如欲前往高級餐廳或熱門店家用餐，最好先訂位比較保險。只要打電話告知訂位日期和人數、名字即可，不擅長英語的話，也可以委託飯店的工作人員。訂位時請先確認一下服裝的規定。

〔購物〕

●進門時請打招呼

進入商店時別忘了說聲「Hello」。要拿取商品時也請跟店員說一聲。

●消費稅很高

紐約的消費稅偏高，地方稅加上州稅共8.875%。不過，食品及不到＄110的衣服、鞋子則免稅。沒有提供短期停留的觀光客退稅服務。

〔夜生活〕

●晚上走在路上要小心

隨著治安改善，重大刑案也減少了，但是扒手和竊盜的案件還是層出不窮。百老匯和時代廣場附近等人潮聚集的地方要特別小心。另外，哈林區及東村、下東區等地，請不要在人煙稀少的時段在街上遊逛。

●觀劇的禮儀

音樂劇等劇場內禁止飲食、攝影、錄音。由於對服裝沒有特別的要求，所以穿得休閒一點也沒有關係，但是盛裝打扮才能在優雅的氣氛下好好地享受。

●21歲以後才能喝酒

在紐約未滿21歲禁止喝酒。在酒店和俱樂部、酒吧等地，會被要求出示可以證明年齡的身分證，所以請隨身攜帶護照。另外，也禁止在馬路、公園等公共場所喝酒，請特別留意。

在物價高昂的紐約，所需的餐費意外地多。如果預算較緊，不妨偶而善用熟食店等，一餐吃好一點，一餐簡單一點也是不錯的方法。

突發狀況應對方式

生病、受傷、遭竊等，在旅行時發生的突發狀況都會讓難得一趟的旅程敗興而歸。在採取防範於未然的對策同時，請事先掌握住應對方法，萬一真的遇上麻煩時才不會慌張。

●生病時

若病情變得嚴重，請不要遲疑，馬上就醫。要叫救護車的時候請打☎911（警察、消防也是相同號碼）。只要和飯店的櫃台連絡，就會幫忙連繫醫生。如果有保險的話，只要和當地的緊急連絡處連絡，就能幫忙介紹合作醫院。另外，只要事先把平常吃習慣的藥出門就能比較放心。

●遭竊、遺失時

○護照

護照遭竊、遺失時，請立刻向警方報案，請警方開立遭竊（或是遺失）證明，然後至我國駐當地代表處辦理護照遺失手續，再申辦補發護照或核發返國的入國證明書。

○信用卡

請馬上連絡發卡銀行，掛失卡片，再向警方報案，請警方開立遭竊（或是遺失）證明之後，再遵照發卡銀行的指示辦理。

●突發狀況範例

○欣賞街頭藝人表演，看得正專注時，歹徒從後背包抽走錢包。

→在人潮洶湧的地方請把行李抱在胸前。重點在於財不露白。

○在咖啡廳裡放在腳邊的行李被拿走了。

→請不要讓行李離開視線範圍，不管放在什麼地方，都要把包包的帶子握在手上或綁在腳上。

○在機場誤搭白牌計程車，被司機索取不合理的金額。

→在機場，偽裝成旅行團的工作人員，從行李的名牌喊出旅行團的名稱或觀光客的姓名，再帶去坐白牌計程車的詐騙手法橫行。所以即使被叫到名字也別掉以輕心，請確認對方是不是真的知道旅行團的內容。

○在路上撞到人，把那個人的葡萄酒瓶碰掉了，被要求賠償葡萄酒的費用。

→別理對方，請毅然離開現場。要是對方一直纏著要賠償的話，請向附近的商店或警察請求協助。也有人會用太陽眼鏡使出同樣的手法，請小心。

出發前Check！

可上外交部領事事務局網站的旅外安全資訊頁面，確認當地治安狀況和旅遊警示分級。

URL http://www.boca.gov.tw/

旅遊便利貼

〔紐約〕

●駐紐約台北經濟文化辦事處

㊟1,E. 42nd Street New York

☎(1-212)-317-7300

急難救助：(1-917)743-4546、(1-347)458-4965（假日）

時9時～16時30分（週一～週五）、9～11時（週六）

休週六日、休館日

URL http://www.taiwanembassy.org/US/NYC/mp.asp?mp=61

別冊MAP●P23C3

●警察局・消防局・救護車 ☎911

●信用卡公司緊急連絡電話

- Visa全球緊急服務中心
  ☎0800-169-5189
  （免費求助電話／24小時服務）
- JCB卡
  ☎00-800-3865-5486
  （免費服務熱線）
- 美國運通卡
  ☎886-2-2100-1266
  （免費服務熱線）
- 萬事達卡
  ☎1-800-55-7378
  （免費服務電話）

〔台灣〕

●美國在台協會-台北辦事處

㊟台北市信義路三段134巷7號

☎(02) 2162-2000

時8～17時

休週六日、例假日

URL http://www.ait.org.tw/zh/home.html

●紐約市旅遊局

URL www.nycgo.com

●主要機場

- 桃園國際機場
  ☎03 398 3728
  URL www.taoyuan-airport.com/
- 台北松山機場
  ☎02 8770 3460
  URL www.tsa.gov.tw/
- 台中航空站
  ☎4 2615 5000
  URL www.tca.gov.tw/
- 高雄國際機場
  ☎07 805 7630
  URL www.kia.gov.tw/

・旅外國人急難救助全球免付費專線
☎011-800-0885-0885（直播）

和過去相比，紐約的治安已經好很多了，但千萬不可掉以輕心。為了以備不時之需，最好事先把目的地的飯店以及駐紐約台北經濟文化辦事處的電話號碼抄下來。

簡單列出 行前準備memo

首先參考旅遊季節（→P133），決定服裝和攜帶物品。
出發前可利用memo欄做好行前準備，
若有時間，也可先想想要給誰買哪些伴手禮。

託運行李list

□鞋
除了好穿易走的平底鞋外，再準備一雙外出鞋會更方便

□包包
早餐和晚餐時可放錢包和手機的小包包，能隨身攜帶的大小即可

□衣服
選擇方便洋蔥式穿法、不容易皺的材質

□貼身衣物
準備3套左右，在當地可清洗替換。也別忘了襪子

□牙刷組
有不少飯店並不提供牙刷、牙膏等用品

□洗臉用品
卸妝、洗面乳等

□化妝品
粉底、口紅、眼影、腮紅、眼線筆等

□防曬用品
日照強烈的夏天請準備SPF係數較高的產品

□沐浴用品
沐浴乳等清潔用品飯店都有，若無特殊需求就不用多準備

□拖鞋
帶可折疊的旅行用拖鞋或用過即丟的拖鞋比較方便

□常備藥
止瀉、腹痛、綜合感冒藥等，有漱口水更好

□生理用品

□轉換插頭、充電器、充電電池
攜帶有內建變壓功能的國際規格機種，或是另外帶變壓器

□環保袋
可折疊的袖珍型最方便

□折傘
若遇雨季也可攜帶雨衣

□太陽眼鏡

□帽子

□------------

□------------

□------------

機內要填寫
入境單或申報單時
就能派上用場

便利memo

護照號碼 (　　　　　　　　)
去程班機號碼 (　　　　　　　　)
回程班機號碼 (　　　　　　　　)
飯店 (　　　　　　　　)
出發日 (　　　　　　　　)
回國日 (　　　　　　　　)

手提行李list

□護照
絶對不可忘記！　出發前再確認一次
□信用卡
□現金
除了要在當地兌換的金額外，也別忘了國內要使用的交通費
□數位相機
電池、記憶卡最好再多準備一組
□手機
若手機有計算機功能，即可代替計算機
□原子筆
填寫出入境卡和海關申報單時會用到
□旅行團行程表（機票／電子機票）
□面紙
□手帕
□護唇膏
□圍巾／口罩（有需要的人）
機艙內空氣乾燥，可帶口罩防護

手提行李注意事項

液體類的東西若要帶上機艙會有相關限制（→P125）。髮膠等噴霧類、護唇膏等膠狀物也包含在液體物品內，請特別注意。此外，刀刃類物品禁止帶上機艙，建議將機艙內不會用到的東西全放在行李箱託運。

伴手禮list

送禮對象	禮物	預算

Index

□想去的地方打個✓　■去過的地方塗黑

索引

餐廳・咖啡廳

↑□想去的地方打個 ✓ ■去過的地方塗黑

時尚・可愛・慢步樂活旅

NEW YORK

國家圖書館出版品預行編目(CIP)資料

紐約 / JTB Publishing,Inc.作 ；
賴惠鈴翻譯. -- 第一版. -- 新北市：
人人, 2015.12
面； 公分. --(叩叩世界系列 ; 9)
ISBN 978-986-461-026-6(平裝)
1.旅遊 2.美國紐約市

752.71719　　104024967

WHH

【叩叩世界系列 9】

紐約

作者／JTB Publishing, Inc.
翻譯／賴惠鈴
編輯／廉凱評
發行人／周元白
排版製作／長城製版印刷股份有限公司
出版者／人人出版股份有限公司
地址／23145 新北市新店區寶橋路235巷6弄6號7樓
電話／（02）2918-3366（代表號）
傳真／（02）2914-0000
網址／http://www.jjp.com.tw
郵政劃撥帳號／16402311 人人出版股份有限公司
製版印刷／長城製版印刷股份有限公司
電話／（02）2918-3366（代表號）
經銷商／聯合發行股份有限公司
電話／（02）2917-8022
第一版第一刷／2015年12月
定價／新台幣400元

日本版原書名／ララチッタ ニューヨーク
日本版發行人／秋田　守
Lala Citta Series
Title: NEW YORK

※本書內頁紙張採敦榮紙業進口日本王子90g嵩艷紙